内蒙古财经大学实训与案例教材系列丛书
丛书主编 金 桩 徐全忠

酒店管理案例

主 编 杨 娇 杨 洁
副主编 李岩松 刘俊清 武英东

中国财经出版传媒集团
经济科学出版社
Economic Science Press

图书在版编目（CIP）数据

酒店管理案例/杨娇，杨洁主编 .—北京：经济科学出版社，2018.12

ISBN 978-7-5218-0066-1

Ⅰ.①酒… Ⅱ.①杨…②杨… Ⅲ.①饭店-商业管理-案例 Ⅳ.①F719.2

中国版本图书馆 CIP 数据核字（2018）第 283386 号

责任编辑：于海汛 冯 蓉
责任校对：靳玉环
责任印制：李 鹏 范 艳

酒店管理案例

主 编 杨 娇 杨 洁
副主编 李岩松 刘俊清 武英东
经济科学出版社出版、发行 新华书店经销
社址：北京市海淀区阜成路甲28号 邮编：100142
总编部电话：010-88191217 发行部电话：010-88191522
网址：www.esp.com.cn
电子邮件：esp@esp.com.cn
天猫网店：经济科学出版社旗舰店
网址：http://jjkxcbs.tmall.com
北京密兴印刷有限公司印装
787×1092 16开 10.25印张 220000字
2020年8月第1版 2020年8月第1次印刷
ISBN 978-7-5218-0066-1 定价：38.00元
(图书出现印装问题，本社负责调换。电话：010-88191510)
(版权所有 侵权必究 打击盗版 举报热线：010-88191661
QQ：2242791300 营销中心电话：010-88191537
电子邮箱：dbts@esp.com.cn）

前　言

随着社会的发展，人民生活水平不断提高，可支配收入持续增加；同时，旅游设施设备逐渐完善，旅游业正以前所未有的规模高速发展。作为旅游业重要组成部分的酒店行业也随之得以空前发展。在这一背景下，各大学术机构积极展开对于酒店行业的研究，有关酒店管理的著作和教材也不断问世。

本书从酒店管理工作的实际情况出发，充分考虑本专科学生的教学特点，形成以下特色。

第一，编排新颖。本书在内容设置方面将酒店管理基础知识精练概括置于每一章节的导读中，重点进行酒店相关案例的评述，使得学生在学习过程中思路清晰、目标明确，突出强调实践性的特点。

第二，内容精选。结合教学实际，本书在内容安排上经过慎重选择。避免了教材中的部分内容与本专业其他课程重复，例如《酒店财务管理》《酒店人力资源管理》等。

第三，体例独特。本教材各章开篇均设有"本章导读"，使学生首先明确本章的基本知识点；进而以大量的"案例分析"形式呈现，增加了内容的可读性和知识的新颖性，有利于学生开阔思路，更好地理解理论知识，对书中重要观点起到了画龙点睛的作用。同时，增加了"案例评析"和"讨论与作业"，为学生提供了巩固理论知识、参与实践、提高应用能力的平台，以进一步提升学生将理论知识与实践运用相结合的能力。

本书在编写中的具体写作分工如下：杨娇编写第一章，杨洁编写第三、第八章，李岩松编写第六、第七章，刘俊清编写第二、第九章，武英东编写第四章和第五章。全书的框架构建、统稿和定稿工作由杨娇负责，杨洁、李岩松、刘俊清、武英东负责全书校对。

本书既可以作为本科、高职高专院校酒店管理相关专业的教材，也可以作为酒店中高级管理人才的培训用书和高等职业教育、自学考试人员的辅导资料等。

本书的编纂与出版，得到了内蒙古财经大学的大力支持和帮助，特此表示衷心的感谢。

  本书在编写过程中参考了国内外同行的许多著作、文献和资料，在此深表感谢。由于时间仓促，作者水平有限，书中难免存在错误和不足之处，欢迎广大读者在使用过程中提出宝贵意见。

编　者

目 录
CONTENTS

第一章　酒店管理职能 …………………………………………………… 1
   本章导读 ……………………………………………………………… 1
   第一节　计划与组织案例 ……………………………………………… 2
   第二节　指挥与协调案例 ……………………………………………… 9
   第三节　控制案例 ……………………………………………………… 11

第二章　酒店人力资源管理 …………………………………………… 14
   本章导读 ……………………………………………………………… 14
   第一节　员工招聘案例 ………………………………………………… 14
   第二节　员工培训案例 ………………………………………………… 21
   第三节　激励管理与绩效管理案例 …………………………………… 25
   第四节　薪酬管理案例 ………………………………………………… 28

第三章　酒店财务管理 ………………………………………………… 34
   本章导读 ……………………………………………………………… 34
   第一节　酒店成本管理案例 …………………………………………… 35
   第二节　酒店营业收入与利润管理案例 ……………………………… 37

第四章　酒店设备物资管理 …………………………………………… 44
   本章导读 ……………………………………………………………… 44
   第一节　酒店设备管理案例 …………………………………………… 44
   第二节　酒店物资管理案例 …………………………………………… 49
   第三节　酒店设备智能化案例 ………………………………………… 55

第五章　酒店安全与卫生管理 ………………………………………… 59
   本章导读 ……………………………………………………………… 59
   第一节　安全管理案例 ………………………………………………… 59
   第二节　卫生管理案例 ………………………………………………… 66
   第三节　紧急事故的处理案例 ………………………………………… 74

第六章　前厅服务与管理 ·· 81
　　本章导读 ·· 81
　　第一节　预订与接待案例 ·· 82
　　第二节　礼宾服务案例 ··· 86
　　第三节　客房分配及换房案例 ·· 89
　　第四节　遗失物品处理案例 ··· 95
　　第五节　总台收银案例 ··· 98
　　第六节　贵重物品保管案例 ·· 101
　　第七节　投诉处理案例 ·· 103

第七章　客房服务与管理 ··· 107
　　本章导读 ··· 107
　　第一节　客房设计案例 ·· 107
　　第二节　客房清扫服务案例 ·· 110
　　第三节　房务中心服务案例 ·· 113
　　第四节　洗衣中心服务案例 ·· 115
　　第五节　客房服务品质提升案例 ··· 119

第八章　餐饮服务与管理 ··· 122
　　本章导读 ··· 122
　　第一节　餐前准备案例 ·· 123
　　第二节　开餐服务案例 ·· 128
　　第三节　就餐服务案例 ·· 132
　　第四节　餐后服务案例 ·· 139

第九章　酒店营销管理 ·· 143
　　本章导读 ··· 143
　　第一节　市场营销新理念 ··· 144
　　第二节　市场营销的实施过程 ··· 151

参考文献 ·· 156

第一章　酒店管理职能

本 章 导 读

"饭店"（hotel）一词来源于法语，原指法国贵族在乡下招待宾客的别墅，后来的欧美饭店沿用了这一说法。在中国，饭店的称谓有很多，如酒店、宾馆、大厦、度假村、旅社、招待所等（以下统称为酒店）。在英语中，也有很多称谓具有与hotel相同的功能，如inn、guesthouse、resort、tavern、lodge、house等。虽然不同的称谓体现了自身不同的特点，但基本功能都是一致的。随着客人需求的多样化，现代饭店的接待和服务功能也逐渐多样化，主要包括住宿、餐饮、娱乐健身、商务和购物等功能。

酒店作为旅游业的重要支柱，在旅游行业乃至整个国民经济中占有重要的地位。它为旅游者提供住宿、餐饮、商务、购物、娱乐等方面的综合服务，成为旅游者的"家外之家"，是旅游者在旅游目的地从事旅游活动的重要基础。酒店已成为现代化旅游投宿活动的物质承担者，是反映一个国家或地区旅游接待能力的重要标志、是旅游业的重要经济支柱、是创汇创收的重要部门、是促进社会消费方式和消费结构变革的主要途径，也是创造直接和间接就业机会的重要场所。酒店的类型划分没有统一的标准，为便于顾客选择和投资者做出正确的投资决策及酒店进行有效的市场定位，会根据不同视角进行类型划分。如根据接待对象不同划分为商务型酒店（commercial hotels）、旅游型酒店（tour hotels）、公寓型酒店（resident hotels）、汽车酒店（motor hotels）和度假型酒店（resort hotels）；根据酒店客房计价方式不同划分为欧式计价酒店（EP）、美式计价酒店（AP）、修正美式计价酒店（MAP）、欧陆式计价酒店（CP）和百慕大计价酒店（BP）；根据投资主体不同可以分为独资酒店、有限公司酒店和股份有限酒店等[①]。

酒店等级是指一家酒店的豪华程度、设施设备水平、服务范围、服务质量等方面所反映出的级别与水准。多数国家和地区会根据酒店的位置、环境、设施和服务等情况，按照一定的标准和要求对酒店进行分级，并用某种标志表示出来，在酒店显著的地方公之于众。全世界有将近100种等级评定系统，不同的国家和地区用以表示级别的标志与

[①] 洪涛：《饭店管理实务》，东南大学出版社2007年版，第5~8页。

名称也不一样。目前，世界上通用的酒店等级制度与表示方法主要有星级制、字母表示法和数字表示法三种。目前我国采用与国际接轨的五星等级制，根据《旅游饭店星级的划分与评定》（GB/T 14308-2010）国家标准进行评定，重点从星级酒店的必备项目、核心产品、绿色环保、应急管理、软件可衡量和特色经营六个方面，来引导和规范我国酒店业的发展。

酒店企业作为市场经济中的微观组织，必须进行管理才能满足社会需求，获取经济效益，赢得生存和发展。酒店是由多种业务、多个部门综合而成的一个整体组织，各部门的经营各不相同，使得酒店业务庞杂和事务繁复。管理者必须抓住酒店管理的基本内容，才能管理好饭店。通常酒店管理，包括营销管理、业务管理、服务质量管理、人力资源管理、财务管理、设备管理和安全与卫生管理七个方面的基本内容，涵盖计划、组织、指挥、协调、控制五大职能。

第一节 计划与组织案例

一、计划管理

计划管理是酒店管理的基本职能或首要职能。它是酒店在调查分析的基础上，确定未来某一时期内的发展目标，并规定实现目标的具体途径的管理活动，是以文字形式表现的酒店决策结果。计划管理涉及酒店经营管理活动的各个方面，在酒店管理中具有特殊的地位。"凡事预则立，不预则废"，这一管理思想精髓深刻地体现出计划的重要性。酒店计划的制定，能够为酒店其他职能作用的发挥提供目标、纲领和依据，其重要性主要体现在：通过酒店计划的制定，能够确立酒店目标、统一员工行动，可以更加合理地利用资源、提高酒店经济效益；通过酒店计划管理的有效实施，能够增强酒店应变能力。

酒店计划管理是指酒店在国家（主要是上级主管部门）计划指导下，根据酒店内外环境条件，用科学的方法通过对计划的编制、执行和控制，确定酒店的经营目标，指导酒店的业务活动，以保证酒店取得良好经济效益和社会效益。其主要任务包括：分析和预测酒店未来的变化；以财政预算为基础，确定酒店的计划目标；拟订实现计划目标的方案；合理配置资源，搞好综合平衡；检查计划的执行情况。

酒店组织经营活动具有复杂性和多元性的特点，根据不同的酒店经营活动需要，计划的类型也有所不同。常见的分类标准有：计划期长短、计划内容、计划制定者的管理层次等。但对于酒店而言，通常是将这些划分标准综合起来考虑，结合自身经营实际来进行相关计划的制定。酒店计划的编制是酒店计划管理的前提，计划是否恰当直接影响到酒店管理的成效，通常包括对内外部环境的评估及根据评估结果采取行动两个环节。其中，对外部环境机遇和风险进行评估是决定未来环境战略的前提条件，主要从政治、经济、社会环境、自然环境、技术和行业环境进行分析;对企业内部优劣势评估是对企业的核心竞争力进行重新定义或进一步论证的依据,通常从人员素质、经济实力、供货链、市场状况和服务与管理方面入手进行分析。

酒店计划的实施虽紧随酒店计划的制定,二者却又处于"制定→实施→反馈→再制定→再实施→再反馈"的动态系统中,故计划的实施包括计划的执行与计划的修订两个方面。因此,一方面,酒店管理者要通过严格的考核制度和有效的激励机制调动员工的积极性,监督计划的执行情况,评估计划的执行结果;另一方面,在计划的实施过程中,会受到多种因素的影响,很可能出现实际结果与预期目标错位的情况,届时需要对出现相应情况的原因进行分析和诊断,正确判断是目标偏离实际造成的还是工作失误造成的,若是前者则须及时调整目标,经酒店办公会议反复讨论、论证决策正误,决定是局部还是整体对计划进行修订。

案例 1-1

××酒店客房市场推广及促销行动计划(节选)[①]

散客在酒店客源成分中所占比重较大,一般为 30%~40%,是酒店不可忽视的消费群,且散客并无固定的酒店作为住宿点,对酒店选择性大;而且当地散客在各酒店所占比重越来越大,消费能力越来越高。这类散客往往为高档酒店所忽略,而流失到二、三星级酒店,成为二、三星级酒店的主要客源。因此,散客特别是本地散客,应是我们酒店重点争取的对象。

(一)推广促销手段

利用酒店整体优势,与其他各部门配合,推出最低消费套票(见表 1-1)。

表 1-1 ××酒店部门联合推广计划

名称	服务项目	收费标准
快乐家庭套餐	提供标准客房一间(一天),作为居家休闲度假场所;提供温馨家庭晚餐,价值 200 元消费券;提供夜总会娱乐,价值 388 元消费券;提供西式早餐三份;赠送全家福艺术照一张,并赠送精美礼品一份	1080 元
亲密爱人套餐	提供烛光晚餐,西餐厅价值 188 元消费券;提供夜总会娱乐,价值 188 元消费券;提供标准客房一间(一天);提供家庭影院;提供西式早餐;提供精美礼品一份	1080 元

(二)营销行动

(1)酒店各营业点密切配合营业部搜集客户资料,建立客户档案。

---

① 柏杨:《饭店管理概论》,中国财政经济出版社 2008 年版,第 36~37 页。

(2) 营业人员逐个跟踪客户，通过节假日寄贺卡、发贺电方式，努力与客户建立私人关系。

(3) 不同营业人员定期（一月一次）与客户保持通信联络。

(4) 通过宣传力度强的新闻媒体做广告宣传，在开业初期和3～5月销售淡季推出各项活动，以实现20××年预算收入指标。

案例评析

该案例主要是对酒店客房产品进行推广及营销而制定的计划，首先进行了目标市场群体的分析，进而结合酒店自身的经营项目推出了两款消费套餐，同时制定了详细的营销行动以保障推广促销手段的顺利实施。

讨论与作业

通过该案例，谈谈你对酒店计划的认识。

二、组织管理

现代酒店组织管理活动涉及建立科学的组织管理制度，设置合理的酒店组织机构，形成高效的酒店运作机制。这一系列组织管理活动直接影响酒店的经营成果，关系酒店经营管理目标的实现。它能使酒店现有的各项资源包括人、财、物等，围绕酒店经营目标得以有效整合并有条不紊地运行起来，促使酒店不断实现自身的经营目标。合理而高效的组织结构和组织形式是确保酒店组织管理活动正常运行的前提条件，组织质量如何、效率如何、效益如何，都与酒店组织管理工作的开展密切相关。

酒店组织管理是酒店管理活动的一部分，也称为组织工作或组织职能。通常是指酒店对实现目标的人、财、物、时间、信息等各种组织要素和人们在经济活动中的相互关系进行组合、配置的活动。其主要内容包括酒店组织结构设计、管理人员的配备与使用、编制定员、劳动组织四个方面。下面重点对常见的酒店组织形式和酒店管理部门进行介绍。

（一）酒店组织形式

酒店的组织形式是酒店中各部门及各层次之间相互关系的模式，包括组织图、职位系列、工作说明书、规章制度、权力关系体系、沟通网络、工作流程等，它是酒店内部建立的关于组织管理的一种结构体系。酒店组织结构类型受诸多外界与内部因素的影响，内部因素如酒店的类型、规模、经营特色等；外部因素则指酒店所处的竞争环境、客源市场需求、国家宏观政策等方面。一般来说，酒店主要的组织结构类型有直线型、职能型、直线—职能型、事业部制、区域型等。

1. 直线型组织结构

直线制又称层级制、军队式组织。它是最简单的组织结构模式，从最高层管理人员开始自上而下层层节制，是按直线垂直领导的组织形式。其特点为垂直领导、层层负责，通常主要由管理层、执行层和操作层组成，部门经理向总经理负责，部门主管人员向部门经理负责，基层管理人员向主管负责。各层次负责人往往身兼数职，负责本部门的一切事务。直线型组织结构的优点是便于管理、结构简单、权责分明、命令统一、组织程序和业务程序简单、上下级间均按规章办事、信息沟通快、解决问题及时；缺点是各个层次的管理人员身兼数职，管理的事务比较多、任务重，工作起来较为辛苦，有一定的难度。直线型组织结构常见于规模较小的中小型酒店（如图 1-1 所示）。

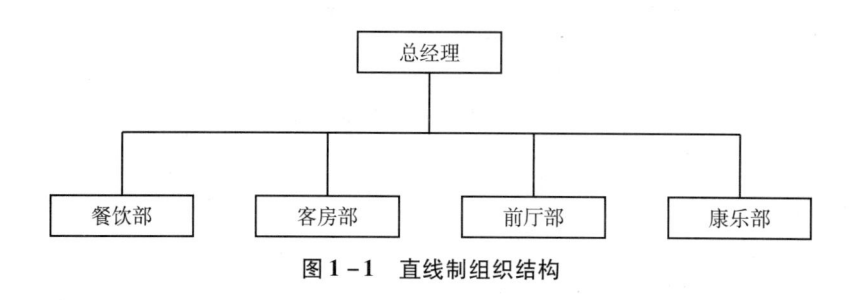

图 1-1 直线制组织结构

2. 职能型组织结构

这种组织结构模式授予各职能部门一定的指挥和领导权，允许他们在自己的业务范围内对下面各部门实施此项权力。一般来说，酒店的业务扩大，服务和管理趋向复杂化和高标准化时，简单的直线型组织结构将不能适应酒店发展的需要，酒店必须划分出相应的职能部门进行规范化管理，其组织结构也需进一步细化和分工，即采用职能型的组织结构。职能型组织结构的优点是加强了各部门的业务监督和专业性指导，使各职能部门注意力集中，便于高效率完成本部门职责；缺点则在于常常出现多头指挥，而使执行部门无所适从（如图 1-2 所示）。

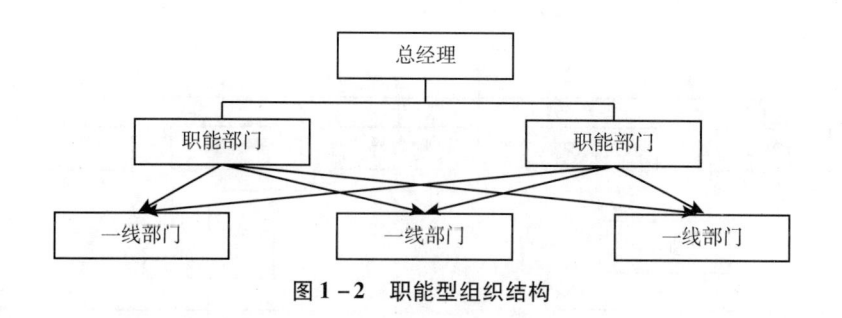

图 1-2 职能型组织结构

3. 直线—职能型组织结构

直线—职能型组织结构是直线型组织结构和职能型组织结构结合的产物。它以直线型的垂直领导和严密控制为基础，同时又吸收职能型中职能部门的划分，以利于各部门集中注意力进行专业化服务、监督和管理，从而使该组织结构模式能兼具两者的优点，更利于酒店正常的经营和管理。但是，该组织结构模式也有不足之处，直线部门与职能部门之间往往在各自目标不一致时会产生摩擦，影响工作的顺利开展，不利于整个组织系统的运作（如图1-3所示）。

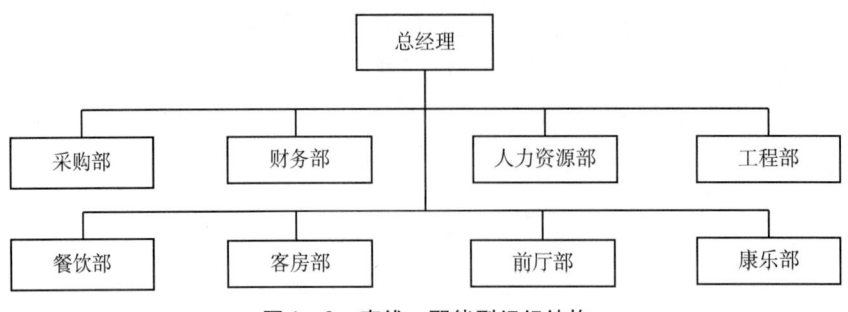

图1-3　直线—职能型组织结构

4. 事业部制组织结构

事业部制组织结构所体现的是"集中政策，分散经营"的指导思想。我国酒店业公司化、集团化趋势越来越明显，许多大型的酒店集团已经开始采用多元化的事业部制组织结构。总公司总体指导各个事业部，主要控制人事、财务、战略、投资等，总裁下面设置若干副总裁，每人分管若干个事业部。各个事业部的经营有相当的自主权，可以在总公司的总体指导方针范围内独立经营、独立核算。事业部制组织结构的优点是不仅可以减轻酒店高层管理人员的负担，使之集中精力于酒店的发展战略和重大经营决策，而且也有利于各事业部针对本地区的实际情况作出快速反应，以利于公司的专业化分工，提高生产率。但同时它也具有一定的局限性，这种组织结构模式需要雇用更多的专业人才，雇用更多的员工，经营成本会有所增加，各事业部也可能会过分强调本部门的利益而影响整个企业经营的统一指挥（如图1-4所示）。

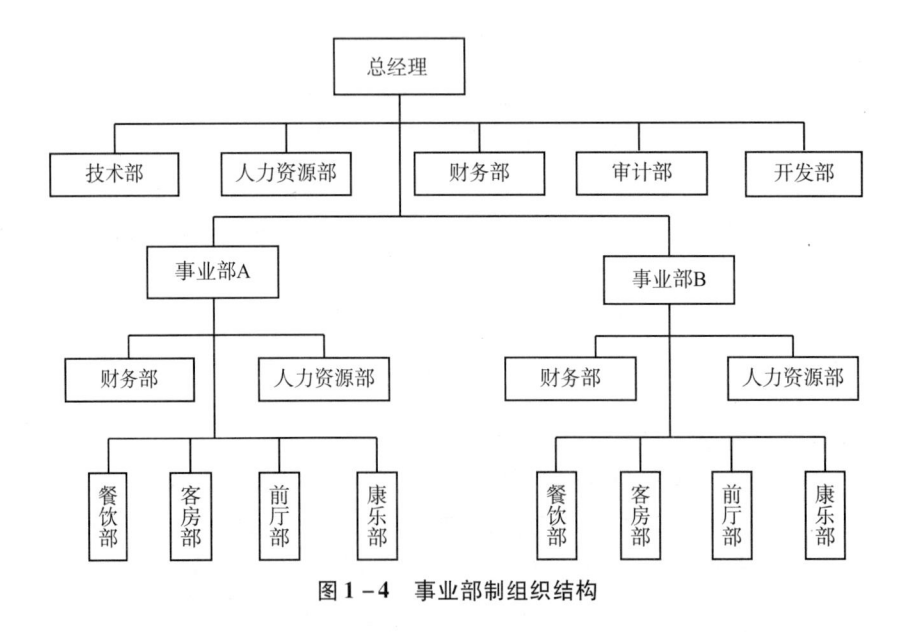

图1-4　事业部制组织结构

5. 区域型组织结构

区域型组织结构多见于国外的大型旅游酒店集团，酒店集团因为发展的需要而不断向国际市场延伸，实施全球扩张战略，酒店为产品或服务提供生产所需要的全部活动，基于地理位置而集中，因此产生了酒店的区域型组织结构模式。这种结构的设置一般针对酒店主要目标市场的销售区域来建立。区域型组织结构有较强的灵活性，它将权力和责任授予基层管理层次，能较好地适应各个不同地区的竞争情况，增进区域内营销、组织、财务等活动的协调。但该结构模式也可能增加了酒店集团在保持发展战略一致性上的困难，有些机构的重复设置也可能导致成本的增加（如图1-5所示）。

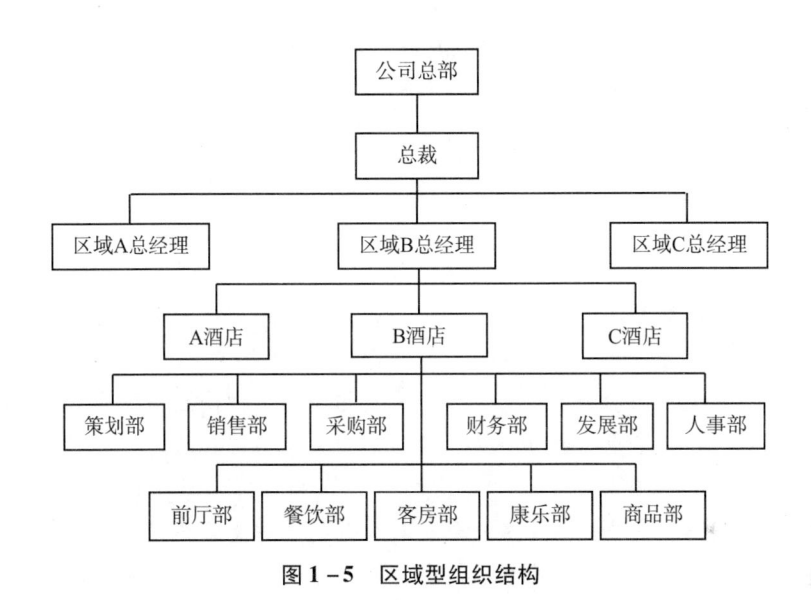

图1-5 区域型组织结构

（二）酒店组织部门

酒店企业的组织部门通常分为两大类：业务部门和职能部门。不同的酒店根据自身经营的需要对组织部门的设计会略有不同，但一般来说，酒店的业务部门主要包括前厅部、客房部、餐饮部、康乐部、商品部等；职能部门则主要包括人事部、财务部、营销部、采购部、工程部、安全部等。

酒店组织的制度化管理是酒店提供产品和服务标准化和规范化的重要保障。酒店组织是一个有机的整体，组织结构和组织形式变化多样，组织工作也纷繁复杂，要保证酒店的正常运行，并实现酒店的预期目标，就必须有一套非常周密严谨的组织管理制度，使酒店的各部门、各岗位以及成员的工作和行为都有章可循。酒店组织管理制度的涉及面非常广泛，包含的内容也非常多，根据酒店组织层次和酒店产品生产所涉及的内容，通常将其分为酒店基本制度、酒店管理制度、酒店工作制度和个人行为规范四大类。

同时，需要加强对酒店非正式组织的管理。通过各种方式和手段来尽可能地消除酒店非正式组织对酒店经营管理的消极影响，而增强其对酒店发展的积极影响。酒店管理者应制定相关的规章制度支持酒店非正式组织的活动、努力保持与酒店非正式组织领导者之间的良好关系、积极引导酒店非正式组织的发展方向,使非正式组织团体在价值取向上与酒店整体的价值观念保持一致。

案例1-2

从金字塔形到扁平结构[1]

某四星级的中型酒店拥有285间客房,700个餐位(包括16个餐饮包厢),饭店其他的设施都符合星级要求。其组织结构为典型的金字塔形,具体包括总经理、副总经理、总经理助理,餐饮、房务、销售、财务、工程五位总监。酒店设销售、前厅、客房、餐饮、娱乐、商品、人力资源、财务、工程、安全、采购、办公室共12个部室,分设部门经理和副经理,部门下属设置主管,主管下属设置领班。运转了两年后,酒店明显感到管理人员过多、做事的人太少,且互相掣肘现象严重。

为此,酒店决策层在有充分准备的情况下,决定对组织结构进行改革。先是精简部门,将销售部和前厅部合为一个部、把采购部合并到财务部;接着压缩管理层和管理人员,统一取消各部门副经理,在有必要的部门设置经理助理;除必设主管部外,取消前厅、客房楼面等主管。

经过组织结构改革,由金字塔形变成了扁平组织,不但使酒店效率大幅提高,而且明晰了岗位职责,强化了员工的责任感,为酒店带来了良好收益。

案例评析

酒店组织结构类型是指组织中相对稳定和规范的工作关系模式,如岗位设定、职位安排、工作任务分工和配合等。受内、外部环境因素的影响,不同的酒店要根据自己的实际情况来实施不同的组织机构类型。该案例中的四星级酒店,从其客房数、餐位数上来看,原有的金字塔形的组织结构过于冗余、履行环节过多,影响到了办事效率,且易出现工作推诿现象,在实际运行中极大地降低了工作效率。通过部门精简和管理层压缩,改变原有的组织结构既符合管理跨度,又节约人力成本,同时进一步明确了责、权、利,为酒店管理能力的提升和服务质量的加强都创造了条件。

讨论与作业

从案例中分析金字塔形的组织结构和扁平式结构有什么不同点。

案例1-3

一正八副的酒店领导班子[2]

20世纪90年代,华南某省和中原某省两家地级市市属酒店的领导班子配备,均为

---

[1] 范运铭:《现代饭店管理概论》,首都经济贸易大学出版社2009年版,第251页。
[2] 李勇平:《餐饮服务与管理(第四版)》,东北财经大学出版社2010年版,第19页。

酒店总经理一名，酒店副总经理八名的超常配备。俗话说，"一个和尚挑水喝，两个和尚抬水喝，三个和尚没水喝"，当众人都成为领导的时候，往往意味着任何人都不能称为真正意义上的领导，其结果必然是人浮于事、遇事扯皮、内耗不断、企业经营管理不善，最后这两家酒店均宣告破产、解体。

案例评析

一个餐饮企业的成功与否，组织机构设置好坏起着决定作用，该案例中的机构设置主要问题在于忽略了精简和效率的原则。

讨论与作业

谈谈你对酒店组织结构重要性的认识。

第二节　指挥与协调案例

一、指挥职能

指挥职能是计划职能和组织职能的延伸和继续，计划是指挥的依据，组织是指挥的保证。它是指根据计划的要求，对下属部门和员工进行领导和调度，以便齐心协力地实现酒店预定目标的管理活动。简单地说，指挥就是管理者对下属发出有利于目标实现的指令，使之服从并付诸行动的一种反映上下级关系的管理活动。

二、协调职能

协调职能是对酒店内外出现的各种不和谐现象采取的调整、联络等措施的总和。其目的是保证酒店业务经营活动的顺利进行，有效地实现酒店的经营目标。协调职能主要涵盖内部协调和外部协调两个方面。

酒店内部协调一般分为横向协调和纵向协调两类。其中，横向协调是酒店内各部门、本部门内部各环节之间的协调，如前厅部与客房部、餐厅与厨房等。纵向协调是指酒店上下级人员之间的协调。这就要求上级根据目标要求下达正确的指令，下级根据指令要求无条件地服从和执行，而且还应遵循等级链的原则，即上级不越级指挥，下级也不越级向上汇报。通过全体员工的齐心协力、通力合作，酒店才能更好地完成接待任务，达到预定目标。

酒店外部协调也可分为酒店与宾客的协调和酒店与社会的协调两种。其中，酒店与宾客的协调主要体现在酒店应根据市场供求及竞争情况，不断调整酒店的服务内容与项目，从而最大限度地满足宾客需求，使酒店与宾客之间相互融洽。目前，酒店皆处于激烈竞争和宾客需求多变的市场环境中，酒店只有根据市场（宾客）需求，不断调节酒店与宾客之间的不和谐因素，例如增添服务设施、增加服务项目、定期推出新的菜单、努力提高服务质量等，才能在竞争中处于不败地位。酒店与社会的协调主要体现在：酒店和社会各界存在着维护与制约的关系，其关系如何，直接决定酒店在社会上的地位和声誉。酒店是社会的一个组成部分，只有处理好与社会各界，特别是与银行、税务、工商、公安、消防、环保、文化卫生、新闻媒体等各方面的关系，才能使酒店业务得以有序、正常进行。

案例1-4

光阳饭店的困境[①]

光大集团公司的主业是房地产与制造业，有12家分厂和子公司。光阳饭店是该集团公司下属的企业。该饭店按四星级标准建造，有480套客房、1200个客位、12个大小会议室，并拥有KTV包厢、网球场等娱乐休闲中心。集团公司董事会要求饭店必须为公司创造良好的形象，同时必须在效益上持平。

集团公司对人、财、物实行统一管理，饭店的主要经营决策由公司制定。饭店中层以上管理人员由公司任命，饭店的总经理由公司的一位副总裁兼任，公司从另一家饭店招聘了一位常务副总经理，主持饭店日常的经营管理工作，该饭店的高层管理者主要从其他饭店招聘。饭店人力资源部和财务部受公司人力资源部及财务部和饭店的双重管理。饭店开业以来上下级、部门之间的矛盾众多，扯皮现象严重，尤其是职能部门和经营部门之间的矛盾更为突出，经营部门埋怨职能部门是官僚作风，不为一线着想；职能部门则认为经营部门做事无计划，不守规矩。

同时，该饭店从新华书店买了几本其他饭店的管理制度和服务规范，仅稍加修改，就作为本饭店的制度和规范。但是，在实施过程中，遇到了难以执行甚至无法执行的情况。开业一年来，该饭店矛盾众多、困难重重，服务质量和经济效益均不甚理想，饭店管理陷入了困境。

案例评析

酒店经营会受到选址、当地社会经济环境、目标市场群体、内部组织结构、运营制度等多个因素的综合影响。该案例中的组织机构设置上存在弊端，出现多头管理、经营部门与职能部门矛盾突出等问题，而且管理制度和服务规范的制定上未能从饭店自身实际出发，盲目照搬、不切实际，造成了饭店管理陷入困境、经济效益不佳的局面。

讨论与作业

1. 本案例中酒店经营存在哪些问题？
2. 该酒店的管理为何会陷入困境？
3. 酒店经营管理中应如何有效发挥其指挥职能？

---

① 阮晓明：《饭店管理基础》，浙江大学出版社2009年版，第87页。

案例 1-5

环环相扣的 5 个例会[①]

某集团管理的一家酒店是我国建立较早的五星级酒店,在全国享有盛誉。集团管理酒店的一个显著特点是工作程序的标准化,不论大小事情,几乎都有章可循,有规范可依。每天早上 9 点整,店务会议雷打不动。每天 9 点以前总经理要阅读完前个晚上下班后放于他书桌上的文件。在 9 点以前把一些必须向各部门立即传达的工作指令从文件信息中拣出来。9 点钟时,总经理将批阅过的文件交给秘书,让他按轻重缓急的次序分派到各部门。10 点钟之前结束各个部门经理的汇报或请示;一级部门的经理必须在 10 点钟主持部门会议,必须在 30 分钟内完成;10 点 30 分时,房务部下属的楼层、公共卫生、布草房及洗衣房等小部经理要举行例会,也只允许持续 30 分钟;11 点整楼层助理管家与各层管理员有个例会;11 点 30 分开始的各楼层管理员与服务员的会议。这 5 个会议的时间、地点、形式以及内容都按工作标准予以明确规定。与这种逐级下达、层层落实的制度相对应的是逐级汇报制度。各楼层的服务员填写酒店统一设计的规范表格,在下午 3 点到 4 点之间送交房务部,由房务部汇总,在 5 点下班前交值班经理。

案例评析

酒店指挥与协调职能的发挥对酒店的经营十分重要,"5 个环环相扣的例会"制度是典型的指挥与内部协调职能案例。这种逐级下达、层层落实的制度与逐级汇报制度相呼应,既有利于汇总处理前一工作日各部门的状况,又有利于了解工作日当天各部门的情况,能够真正发挥各组织结构的作用,避免多头管理的出现、避免不切实际的各项管理制度和服务规范的制定。

讨论与作业

1. 本案例中综合运用了哪些酒店管理方法?
2. 结合案例分析,管理层如何才能有效发挥指挥与协调职能?

第三节 控 制 案 例

控制职能是指酒店根据计划目标和预定标准,对酒店经营活动的运转过程进行监督、调节、检查、分析,以达到预期目的的管理活动。酒店在业务经营活动中,要衡量计划目标的完成程度、酒店的服务质量水平、员工的工作效率、计划与实际是否一致等,这些方面的管理都离不开控制职能。

控制职能是管理者的一项基本工作。实施控制,必须具备三个基本条件:有明确的标准、及时获得发生偏差的信息、有纠正偏差的有效措施。没有标准,就没有衡量的依

[①] 徐文苑、王珑、窦慧筠:《酒店经营管理》,广东经济出版社 2006 年版,第 46~47 页。

据；不了解情况，便无法知道变化的形势；没有纠正偏差的措施，管理活动便失去控制。

一、酒店控制的作用

（一）预防作用

酒店实施控制职能，可以有效地防止差异的出现，例如加强员工的职业培训，有利于提高酒店服务质量，能使服务差异消除在萌芽状态或减少到最低限度。

（二）补救作用

酒店业务一旦出现差异，控制职能有助于管理者及时发现问题，采取相应补救措施，从而避免更大的损失。

（三）改进作用

控制的实质是对酒店业务的实际运行活动的反馈信息作出反应，这种反馈信息可以帮助管理者及时了解酒店工作有无偏离计划目标，从而扬长避短，改进工作。

二、酒店控制的内容

（一）目标控制

酒店经营目标既是计划管理的重点，也是控制管理的重点。制订计划本身就是一种控制，其控制的作用在于实施计划的过程中，对出现的问题及时予以修正或调整目标，使之更适合酒店的实际经营情况和管理需要。

（二）质量控制

质量是酒店生存和发展的基础，对酒店质量控制是酒店控制管理的主要任务，也是所有酒店管理者共同努力的目标和日常管理的核心内容。质量管理包括服务质量、食品卫生质量、设备设施质量等。

（三）时间控制

时间是酒店管理和服务中极其重要的要素。酒店服务具有极强的时效性，酒店各部门对客服务标准都有着严格的时间规定，即要给客人提供准时和适时的服务，既要尽量减少客人等候时间，还应根据客人情况，把握最适当的时机为客人服务。时间控制还包括原料周转率、座位周转率等。

（四）人员控制

酒店应因事设人，因岗设人。人浮于事，会提高人工成本；人员短缺，会出现服务质量问题。因此，人员控制显得尤为重要。人员控制还包括具体的员工选聘、培训、评估、激励、奖惩等方面的控制，以及员工潜力发掘和发展的控制。

案例 1-6

抓住员工的心[①]

某酒店近期员工流失率大大提高，员工士气低沉、顾客投诉增加，总经理要求办公室主任着手调查原因。办公室主任通过员工意见征询和多方摸底、调查反映：89%的员工觉得在酒店无前途可言；75%的员工反映酒店缺乏业余文化氛围；65%的员工感觉得不到重视；在工资福利的调查上却只有12%的员工觉得不满意。

针对这些问题，总经理连夜召开部门经理会议商讨对策，最后决定采取一系列措施：①成立员工艺术团组织，以丰富员工业余文化生活；②成立员工之家，为员工设立免费歌舞厅、放映室、书吧、乒乓球室，使员工下班后有去处；③设立总经理意见箱，由总经理亲自处理意见，鼓励员工多提合理化建议和意见，一经采纳给予奖励；④每月进行两次员工比赛活动，以提高员工士气。

一个月后，该店员工流失率逐渐回落、员工士气明显提升，顾客投诉率大大减少。三个月后，办公室主任再次对全体员工进行了一次意见征询，奇迹发生了，95%的员工觉得受到了重视；86%的员工反映业余生活丰富，并提出了更多的意见和建议；97%的员工表示愿意留在酒店工作。

案例评析

结合案例内容和具体实施举措，属于典型的酒店人员控制案例。管理层能够及时根据员工流失率大大提高、士气低沉、顾客投诉增加等现象，展开调查分析原因，并采取相应的对策。既有效地提升了员工的归属感和受重视程度、丰富了业余生活内容、畅通了沟通渠道、提高了员工满意度，又有利于对客服务效率的提升、顾客满意度的提高，进入一个"全员参与"的良性经营状态。

讨论与作业

结合案例分析，酒店经营管理中应如何有效发挥控制职能？

[①] 徐文苑、贺湘辉：《饭店管理概论》，北京师范大学出版社2007年版，第24页。

第二章　酒店人力资源管理

本 章 导 读

随着社会经济的快速发展，以知识为中心向资本转化的时代已经到来，企业若想获得长远持久发展，单纯依靠简单的生产资料是难以维持的，必须充分利用知识、技术和管理等补给企业资源。人力资源作为知识、技术和管理的直接体现，企业之间的竞争归根结底就是人才之间的竞争，因此人力资源已经成为企业最具价值和最能使企业领先的关键因素，酒店行业同样也是如此。人力资源的管理前提就是人员的招聘，是实现聚拢优秀人才的第一步，也是人力资源管理工作的关键环节。

酒店是包括人力资源在内的各种资源组合而成的竞争实体，在激烈的市场竞争中，环境的变化、对手的改进和自身内部的资源消耗都会影响酒店的运行和发展。酒店竞争优势的持续保障是酒店获得发展的基本条件，而这又有赖于对酒店人力资源管理开发的科学定位。它在根本上影响着酒店资源的增值潜力及竞争价值。酒店行业作为一个劳动密集型的行业，酒店业的竞争归根到底是一种服务力的竞争，实质上是人才的竞争、员工能力的竞争，而这些都直接与人力资源管理密切相关。本质上说，人力资源管理就是组织充分利用人力资源实现组织目标的过程。现代酒店管理者认为，人力资源是酒店最基本、最重要、最宝贵的资源，只有人才能使用和控制酒店的其他资源，从而形成酒店的接待能力，达到酒店的预期目的。因此，酒店的一切管理工作均应以调动人的积极性、做好人的工作为根本，即进行人力资源管理。

第一节　员工招聘案例

著名管理大师德鲁克曾指出，"从竞争的角度来看，未来竞争的胜负取决于人力资源的数量、品质与产出"。因此研究员工招聘管理体系非常有价值。第一，企业的生存和发展必须有高质量的人力资源，对于劳动密集型的高端服务业的酒店来说，建立一套完善的员工招聘管理体系，才能够确保酒店的人力资源发展的要求，保证员工及时跟进，降低员工离职率，减少因为与客户有良好关系的核心员工离职所给酒店带来的损失，并且还可树立酒店品牌形象。第二，在企业人力资源管理中，其员工招聘管理体系对日常招聘工作具有一定的借鉴和导向作用，使得人力资源管理工作更加高效。

酒店业作为一个劳动密集型的劳动产业，主要是通过酒店员工的服务劳动为企业创造价值。一般人们评价一家酒店质量不仅是外在的硬件设施，最核心的是内在的服务质量。因此，对于酒店服务业来说，行业内部的竞争最为重要的就是对人才的竞争，高素质人才就代表了高质量的服务。所以，对于酒店而言，员工招聘和招聘后的管理工作就显得非常重要。但是，从当前情况看，我国大多数的酒店还没有真正意识到这一点，对人才的选用、选拔和招聘都不是很重视，这就造成酒店物力、财力等资源的有效利用率下降，服务质量难以保证，直接造成酒店的业绩下滑。

一、招聘的定义

在人力资源管理当中，招聘的定义具有广义和狭义之分。广义的招聘是企业为了生存和发展，根据企业对人力资源的规划，提出用人需求和任职说明，再通过需求信息的发布及人才筛选，获取符合本企业所需人才的过程。狭义的招聘则是指能够在申请者当中找到符合企业需求的员工。由此可知，招聘包含两个部分：即招募和选拔聘用。招募就是通过一定的宣传方式树立企业形象，扩大企业的影响力，广泛吸引人才。选拔聘用就是通过运用各种方法对应聘者进行测评，测评合格者即录用。由此可知，招募仅是选拔聘用的基础，两者既相互独立又相互联系。

从整体上看，招聘就是在企业发展战略指引下，企业根据人才规划和工作职位分析，提出用人需求的数量和要求，再通过人员需求信息的发布，吸引符合本企业相关岗位的人才前来应聘，并从中筛选出符合企业要求的可直接录用的人才。

1. 内、外部招聘渠道

当企业出现岗位空缺时，人力资源管理应采取积极的态度为岗位补充人才。首先，人力资源部门会考虑从组织内部选择合适的人员来填补空缺的职位；如若没有成功，则会着手组织外部招聘。一般来说，内部招聘包括内部晋升提拔、内部调动、工作轮换以及重新聘用；外部招聘包括通过媒体广告招聘、学校招聘、现场招聘会、就业中介招聘、网络招聘等方式进行的招聘工作。莫瑟（Moser）认为：招聘渠道的效果可以利用雇用后的近期表现和远期表现来进行测量，招聘渠道的绩效可以用最近的绩效表现和长期就业后的绩效表现来衡量，例如，近期工作的满意度、长期员工流失率、工龄等都可以作为绩效评价的指标。我国学者程丹丹认为：综合分析有关内部招聘的优劣，为了发挥企业内部推荐的最大效用，他建立了一系列内部推荐的制度，其内容包括推荐资格、推荐程序、奖励办法和监督条款等。由以上学者的观点可以知道：无论是内部招聘还是外部招聘，都应该建立健全招聘的规章制度、成本的核算和控制、对人才的评估等举措，使招聘工作达到"人尽其才，才尽其用"的圆满结局。

2. 网络招聘与多样性招聘相结合

在公司稳定发展、人员增长不快的情况下，从员工内部提拔管理层比较有效。在此基础上，适当地开展网络招聘，在成本可控的情况下尝试和一些半猎头公司合作来招聘高级技术人员。当前网络招聘逐渐成为发达国家进行人才招聘的主要渠道。相关数据表明，世界500强企业中有88%的企业都在使用网络渠道进行员工招聘。陈毅指出：国有企业招聘人才的需求不断增多，招聘的方式也不同，面对这些现状，应树立招聘的人才观，招聘渠道应实行多样性，加强对招聘队伍的素质建设，建立健全招聘制度，壮大企业的发展。由以上观点可以看出：网络招聘和多样性招聘方式的结合是人员招聘的发展趋势，也是社会进步和酒店行业发展的形势所需。

二、招聘管理的程序和内容

若想对招聘进行有效的管理，首先要清楚地知道招聘都有哪些程序和内容，一般情况下，一个完整的招聘程序包括招聘规划、招聘渠道选择、招聘信息发布、简历筛选、面试、心理测试、技术测评、招聘评估等（见图2-1）。

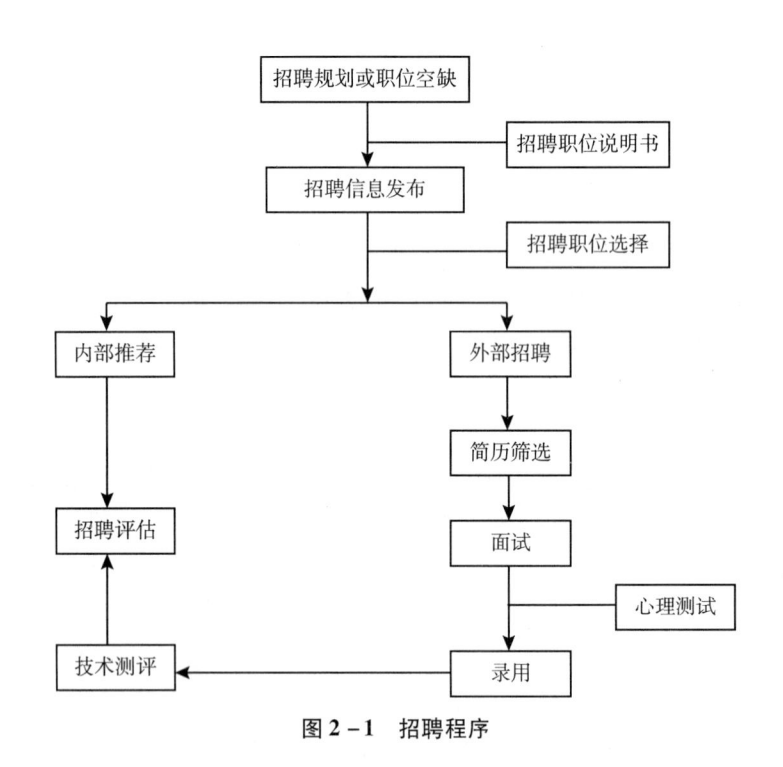

图2-1 招聘程序

（一）招聘的主要内容

招聘的程序是一环扣一环，都是一步一步地有序进行，程序中的各个阶段主要内容介绍如下：

1. 招聘基础

招聘能否成功主要取决于招聘之前的基础工作，只有做好充分的规划、计划等准备工作，才能够确保招聘的精准性。招聘的基础主要包括招聘规划、招聘计划、工作分析和胜任特征模型建立。

2. 招聘实施

招聘实施主要是指狭义的招聘范畴，主要包含招聘信息的发布、招聘渠道的选择、求职简历的筛选、面试人员的通知、能力水平的测试、薪酬的谈判、人才背景调查、符合要求人才的录用、入职体检、岗前培训和试用期的考核等。

3. 招聘评估

招聘评估主要指对进入企业的新员工质量、用人部门满意度、招聘周期和招聘成本效益等方面的评价与衡量。

（二）招聘管理的主要内容

招聘管理作为一项系统的工程，内容包括招聘基础管理、招聘渠道管理、面试管理和招聘评估管理。

1. 招聘基础管理

招聘基础工作主要包含人力资源规划和工作分析，对其进行管理就是招聘基础管理。人力资源管理作为企业发展战略的重要组成部分，需要企业通过综合运用科学的分析手段及方法对其进行详细的预测和判断，包括对企业的招聘原则、策略和渠道选择等都具有指导作用。招聘计划和规划都需要按照人力资源规划进行，降低招聘的盲目性。工作分析则是人力资源管理众多要素中的核心，是开展人力资源管理工作的前提。只有扎实地做好工作分析，才能够完成企业的组织结构优化设计，有的放矢地适时招聘。

2. 招聘渠道管理

招聘基础工作完成之后，招聘就会进入具体实施阶段，其最重要的工作就是招聘渠道的管理，招聘信息和渠道又是招聘主体和客体的重要媒介，直接决定应聘者的数量与质量。信息发布的内容主要在于广告媒体怎么选、广告内容怎么设计，信息发布后要保证有充足的人员进行应聘。招聘渠道就是应聘者获取招聘信息的路径，企业要根据自身的人力资源情况、经营实况、行业属性和岗位特点，选择最适合自身的招聘渠道。

3. 面试管理

面试管理是招聘管理中的最重要部分，也是决定应聘者是否被录用的主要依据，面试管理一般通过人力资源管理人员的规划和预测，确定招聘岗位，再通过招聘内部和外部的人，筛选符合企业要求的人员进行约定面试，然后再进行测试和背景调查等，最终确定人选。

4. 招聘评估管理

招聘评估管理是企业招聘能够持续稳定发展的重要保证，招聘评估主要在于能不能找到合适的人满足企业要求、新员工和岗位的匹配是否和设想的一样、能不能花最少的资金招到企业最合适的人、在危险期内新员工的离职率等。

以上四个招聘管理内容都非常重要，都是招聘管理体系中不可缺少的重要组成部分。

案例2-1

某酒店招聘管理失败案例[①]

某酒店总经理李某从国内某知名高校招聘了高材生小王担任其秘书，由于这个年轻小伙子亲和力强、反应敏捷、口齿伶俐，且文字功底好，文秘工作做得十分出色，深得李某喜爱。两年后，李某认为该给小王一个发展的机会，于是把他任命为酒店人力资源部经理，属下有十多位员工。谁知在半年内，先后有三个下属离职，部门工作一片混乱，业务部门对人力资源部也抱怨颇多。原来小王从学校直接到酒店担任高管秘书，并不熟悉基层业务，从未从事过管理工作的他与同级、下属的沟通方式很不到位，决策理想化，让下属都觉得非常难受；同时，他个人认为工作只需向总经理汇报，推行人力资源政策时没有必要征求业务部门的意见，于是，开展的一系列HR工作只会徒增业务部门的工作负担却收效甚微……在各种内部压力下，小王也引咎递交了辞职信。

案例评析

人力资源部门在聘任时没有进行全面评估，决策的制定是基于个人情感，并未对岗位进行科学评估，未遵循"人岗匹配""人事相宜"的原则。案例中的岗位轮换未能从业务角度进行，容易导致工作混乱。所以，内部招聘要遵循严格的流程，通盘考虑，杜绝"近亲繁殖、板块效应"等现象。

讨论与作业

通过该案例，谈谈你对酒店招聘管理工作的认识。

案例2-2

招聘流程失败案例[②]

某公司因发展需要从外部招聘新员工，曾先后招聘了两位行政助理（女性），结果都失败了。具体情况如下：

第一位A入职的第二天就没来上班，没有来电话，上午公司打电话联系不到本人。经她弟弟解释，她不打算来公司上班了，具体原因没有说明。下午，她本人终于接电话，却不肯来公司说明辞职原因。三天后又来公司，中间反复两次，最终决定不上班了。她的工作职责是负责前台接待。入职当天晚上公司举行了聚餐，她和同事谈得也挺愉快。她自述的辞职原因：工作内容和自己预期不一样，琐碎繁杂，觉得自己无法胜任

---

① 唐·约翰逊：《旅游业人力资源管理》，电子工业出版社2004年版，第88~89页。
② 王伟：《饭店人力资源开发与管理》，旅游教育出版社2006年版，第106~107页。

前台工作。人力资源部门对她的印象是内向，有想法，不甘于做琐碎、接待人的工作，对批评（即使是善意的）非常敏感。

第二位B工作十天后辞职。B的工作职责是负责前台接待、出纳、办公用品采购、公司证照办理与变更手续等。自述辞职原因：奶奶病故了，需要辞职在家照顾爷爷。（但是当天身穿大红毛衣、化彩妆）透露家里很有钱，家里没有人给别人打工。人力资源部门对她的印象是形象极好、思路清晰、沟通能力强、行政工作经验丰富。总经理对她的印象是商务礼仪不好，经常是小孩姿态、撒娇，需要进行商务礼仪的培训。

招聘流程：（1）公司在网上发布招聘信息。（2）总经理亲自筛选简历。筛选标准：本科应届毕业生或者年轻的，最好有照片，看起来漂亮的，学校最好是名校。（3）面试：如果总经理有时间就总经理直接面试；如果总经理没时间人力资源部门进行初步面试，总经理最终面试。（4）新员工的工作岗位、职责、薪资、入职时间都由总经理定。（5）面试合格后录用，没有入职前培训，直接进入工作。

公司背景：此公司是一国外SP公司在中国投资的独资子公司，主营业务是为电信运营商提供技术支持，提供手机移动增值服务、手机广告。该公司所处行业为高科技行业，薪水待遇高于其他传统行业。公司位于北京繁华商业区的著名写字楼，对白领女性具有很强的吸引力。总经理为外国人，在中国留过学，自认为对中国很了解。

被招聘员工背景：

A：23岁，专科就读于某工商大学，后转本就读于某名校大学。其间在少儿剑桥英语任教一年。

B：21岁，学历大专，就读于某大学电子商务专业。在上学期间供职于两个单位，一个为拍卖公司，另一个为电信设备公司，职务分别为商务助理和行政助理。曾参加瑞丽封面女孩华北赛区复赛，说明B的形象气质均佳。

招聘行政助理连续两次失败，公司的总经理和人力资源部门觉得这不是偶然现象，在招聘行政助理方面肯定有重大问题。问题出在什么地方？

案例评析

此案例失败的原因有以下三方面。

第一，总经理方面：总经理在招聘过程干预过多，授权不足，招聘方法及流程不规范，完全忽视国情，应负主要责任。

第二，甄选方法：该公司缺乏科学严谨的招聘标准，完全凭考官直觉，导致"晕轮效应"的出现，会使招聘结果出现偏差。求职者的价值观与企业文化是否匹配，其知识、能力等是否与岗位匹配，这些内容在甄选过程完全被忽略了。

第三，招聘流程：未能按照标准的招聘流程来进行招聘工作，且完全忽略了入职测试与岗前培训等重要步骤。

讨论与作业

结合案例分析招聘工作的方式及正确流程是怎样的。

案例 2-3

人员招聘与配置[①]

2016 年 11 月，著名的 TZ 超市在 H 市人才市场召开了专场招聘会，拟在 H 市招聘 15 名销售部门经理。招聘当天，TZ 的招聘工作人员把 H 市人才市场的 2 楼大厅布置得井井有条。楼梯上贴着 TZ 超市的宣传画。三楼门口放着一台电视机。连续播放着介绍 TZ 资料影碟。

负责招聘工作的邢女士说：TZ 重视流程管理，招聘工作也不例外，我们在招聘时早已做好充分的准备，制定了详细的招聘计划，我们只要在招聘的各个流程环节中把好关，招聘就不会有质量问题。

TZ 的招聘主要有以下几个步骤：

1. 领表

进场应聘时要先在入口处领取一张申请表，填写有关个人资料、教育程度、家庭状况、为什么来 TZ 工作等问题。领表这个看似简单的过程却能淘汰掉不少应聘者，比如有些人来应聘，却没有准备简历和名片等基本资料，TZ 认为他们可能缺乏策划组织能力，不太适合做零售业的部门经理，HR 通常是不给此类应聘者机会的。

2. 初选

应聘者填好表格，将其交给人力资源部的工作人员，由他们进行初选。邢女士说，在这个过程中，TZ 会认真地看申请表，问应聘者一些问题，淘汰一些明显不适合到 TZ 工作的应聘者。

3. 初试

通过 TZ 的初选后，应聘者就可以到部门经理那里面试了。TZ 的一个门店的 7 位部门经理（包括 4 个销售部门经理、1 个人力资源部经理、1 个收银处经理和 1 个财务经理）参加面试。经理们都会问一些问题，根据每一位应聘者回答的状况，给出 A、B、C、D 的评价。通常被评为"A、B"者才有可能参加下一轮面试。

4. 复试

一周内会接到 TZ 人力资源部的复试电话通知。接下来还要经过至少 2 次面试，最后才接受总经理的面试。这时，初试过关的 10 名人员中大约会有 1 位能够成为 TZ 的员工。

请回答下列问题：

1. TZ 在 H 市人才市场召开招聘会，要做哪些准备工作？

答：（1）准备展位；

（2）准备资料和设备；

（3）招聘人员的准备；

[①] 杰弗里·梅洛著，吴雯芳译：《战略人力资源管理》，中国财政经济出版社 2004 年版，第 113~114 页。

（4）与有关协作方沟通联系；

（5）招聘会的宣传工作；

（6）招聘会后的工作。

2. 在 TZ 招聘流程的"初选"阶段，审查申请表时，您认为应该注意哪些问题？

答：（1）判断应聘者的态度；

（2）关注他职业相关的问题；

（3）注明可疑之处。

3. 如果您是 TZ 销售部门的经理，在招聘的"初试"阶段担任主考官，请您采用开放式的提问方式，向应聘者提出四个问题。

答：（1）谈谈你的工作经验。

（2）谈一下你对公司以后发展前景如何看待。

（3）谈谈你对销售团队管理的方法。

（4）如果被录用，你该如何开展工作。

讨论与作业

1. 人员招聘的意义是什么？
2. 招聘过程中需注意哪些事项？

第二节 员工培训案例

当今世界已经进入知识经济时代，人力资源对于企业形成和维持竞争优势越来越重要。为了应对越来越激烈的市场竞争压力，企业需要不断提高产品和服务质量，满足顾客的需求。而充足优秀的人力资源是企业提供高水平产品与服务的保障乃至关键，这对于劳动力密集型的服务行业尤其如此。在服务行业，员工的人力资本是影响其服务水平的唯一决定因素。他们的人力资本差，服务质量就低下，企业竞争力就较弱。他们的人力资本好，所提供的服务质量好，企业的竞争力就强。服务行业的人力资本优劣情况，是决定该行业企业竞争优势大小的决定性因素。如果要保持富有竞争优势的人力资本，企业需要持续地投资于员工的学习与发展，只有这样，员工方能在瞬息万变的商业环境中保持与时俱进并且做到与企业同步发展，而职工培训是人力资本投资的主要方式。

酒店行业是典型的服务行业，因而它必须重视职工培训。酒店为职工培训进行投入，目的是发掘人力资本的潜在价值，并确保受训员工能够为酒店的发展做出贡献。然而，现实的情况却是，当前我国酒店培训普遍陷入了"不培训不行，培训了又没用"的尴尬境地。酒店培训业务成为酒店经营者眼中的鸡肋，往往在酒店缩减经费开支的行动中成为牺牲对象。酒店培训效果差，是困扰酒店企业的普遍性问题。

酒店培训效果差，是因为酒店培训的功能被高估了，它本来就发挥不了很大作用，但是却被寄予重大期望，也就难免会带来重大失望。然而，这种推断不仅不符合劳动力密集型行业企业的本质特征，而且也不符合现实情况。我们不仅可以从国外，还可以从国内找出许多酒店培训的成功案例，那些酒店通过培训实现了效益的不断增长。这说明并不是酒店培训被高估了，而是许多酒店没把培训做好。

一、员工培训定义

培训就是向新员工或现有员工传授其完成本职工作所必需的相关知识、技能、价值观念、行为规范的过程，是由企业安排的对本企业员工所进行的有计划、有步骤的培养和训练。

二、培训内容

员工培训的内容主要有两个方面：职业技能和职业品质。职业技能方面主要包括基本知识技能和专业知识技能。企业应把培训的重点放在专业知识和技能上。职业品质方面主要包括职业态度、责任感、职业道德、职业行为习惯等，这些必须和本企业的文化相符合。在现代企业中，员工的知识水平和技能已不再是影响工作绩效的唯一重要因素，员工的态度、观念对企业生产力及企业效益的影响日益加强。因此，企业不仅应该要求员工有良好的职业知识技能，还应要求员工有良好的职业品质，这样才能保证员工不仅有能力，而且有动力做好工作。员工培训应注重职业品质方面的教育和引导，通过培训，建立起企业和员工、员工和员工之间的相互合作、相互信任的关系。

三、酒店员工培训程序

首先，设置科学的培训目标。酒店招聘员工目的就是要员工从事某个岗位。如果员工的职能和预期职务之间存在一定的差距，消除这个差距就是酒店的培训目标。设置培训目标将为培训计划提供明确方向和依循的构架。要达到培训目标，就要求员工通过培训掌握一些知识和技能，这些都是以培训体系分析为基础的。明确员工的现有职能与预期中的职务要求二者之间的差距，即确定了培训目标，把培训目标进行细化、明确化，则转化为各层次的具体目标，目标越具体越具有可操作性，越有利于总体目标的实现。

其次，选择合理的培训内容。在明确培训目的后，接下来就需要确定培训中所应包括的传授信息。尽管具体的培训内容千差万别，但一般来说包括三个层次，即知识培训、技能培训和素质培训。

再次，确定合适的培训日期。许多酒店往往是在时间比较方便或培训费用比较便宜的时候提供培训。如许多酒店把计划定在生产淡季以防止影响酒店经营，殊不知因为未及时培训却造成了服务质量下降，客人投诉增加，代价更高。员工培训方案的设计必须做到何时需要何时培训，通常情况下有下列四种情况之一时就需要进行培训。第一，新员工加盟组织；第二，员工即将晋升或岗位轮换；第三，由于环境的改变，要求不断地培训老员工；第四，满足补救的需要。另外，在下面两种情况下，必须进行补救培训。第一，由于劳动力市场紧缺或行政干预或其他各方面的原因，不得不招聘了不符合要求的职员，特别是酒店在招保安的时候，经常遇到这样的难题；第二，招聘时看起来似乎具备条件，但实际使用上其表现却不尽如人意。

最后，选择适当的培训方法。酒店培训的方法有多种，如讲授法、演示法、案例法、讨论法、角色扮演法等，有其自身的优缺点，往往需要各种方法配合起来，灵活使用。

四、酒店员工培训效果评估

培训效果评估是企业培训工作最后的环节也是极为重要的一个阶段。它是通过建立培训效果评估指标和标准体系，对员工培训是否达到了预期的目标，培训计划是否有效实施等进行全面的检查、分析和评价，然后将评估效果反馈给主管部门，作为以后制定、修订员工培训计划，以及进行培训需求分析的依据。

反应评估（reaction）：评估受训者的满意程度（对讲师、课程、培训组织等）。

学习评估（learning）：测定受训者的学习收获程度（知识、技能、态度、行为方式等方面）。

行为评估（behavior）：考察受训者知识运用程度（培训后，其态度、行为方式的变化和改进情况）。

成果评估（result）：衡量培训带来的经济效益（培训后，受训者在一定时期内所创造的工作业绩增长变化评估）。

案例 2-4

免费擦鞋服务[①]

有一天，某饭店客房的一位服务员在为一位外国客人做夜床时，发现鞋篓里有一双沾满泥土的脏皮鞋，就用湿布将鞋擦干净，并上完鞋油后放回原处。这位常住客一连几天从工地回来，都把沾满黄泥的皮鞋放在鞋篓里．而那位服务员每天都不厌其烦地将皮鞋擦得油光锃亮。客人被服务员毫无怨言而又有耐心的服务感动了，在第九天将 10 美元放进了鞋篓。服务员照常将皮鞋刷净擦亮，放进鞋篓，而金钱却分文未取。免费提供擦鞋服务使客人佩服之余又有几分不安，因此，一再要求饭店总经理表彰这种无私奉献的精神。

---

① 张延：《酒店个性化服务与管理》，旅游教育出版社 2008 年版，第 93 页。

案例评析

旅游涉外饭店的服务项目众多，擦鞋是基本的服务项目，体现了酒店的服务理念和服务宗旨。

第一，客人需要擦鞋时会将皮鞋放在固定收取的鞋篓里，服务员在打扫房间时应及时取走；如果客人打电话通知服务员则应在10分钟内到房间取走。

第二，服务员应熟悉皮鞋、鞋油的特质与性能，尤其高档皮鞋更应注意颜色的选取与皮质的保护。

第三，一般来讲，酒店提供擦鞋服务是属于超值服务的范畴，客人应该付费或提供小费。这种超值服务能为客人带来意外和惊喜，对提升客人忠诚度有极大的促进作用。

讨论与作业

饭店吸引顾客的方法有哪些？

案例 2-5

半卷卫生纸[①]

一位日本客商刚刚住进某宾馆不久，该宾馆客房部便接到他从房间打来的电话，要求派人去其房间，有事相烦。服务员小陈被派前往。小陈来到客人门前，轻轻敲门，只听客人大喊一声："进来。"小陈轻轻推开房门，不料，一卷卫生纸突然朝她脸上飞来，不偏不倚打个正着。小陈顿时被打蒙了，定睛一看，日商怒容满面，像只好斗的公鸡。原来他刚跨进卫生间，发现卫生纸只有半卷，顿觉受到了慢待，便大发脾气。小陈捡起卫生纸，心想这是清洁员粗心造成的，忙向客人道歉："对不起，先生，是我们工作失误。"

小陈回到工作间，想着自己所受的委屈，泪水不禁夺眶而出。但她很快冷静下来，一手拿着一卷完整的卫生纸，一手端着一盆鲜花，带着笑容重新跨进这位日本客商的房间，将鲜花与卫生纸分别安放妥当。面对突如其来的打击，小陈考虑再三，认定客人发火事出有因，错在饭店。清洁员不该疏忽，将用过的半卷卫生纸留给新到的客人使用。后来，这位日本客商也自知有错，遂向饭店总经理正式表示道歉，对服务员良好的服务态度，给予了高度的评价，并拿出美元若干，诚恳地请总经理为服务员发委屈奖。同时，决定在饭店住下，成为一个长住户。

案例评析

本案例中服务员清扫客房未能按标准规范和流程来做，未给客人更换新的卫生纸，是对客人的不尊重与冒犯，从而日本客人将怨气归结在整个酒店的服务质量，也能理解。而日本客人在未弄清责任人的情况下出手打服务员显然也不对。因此，酒店应严格规范服务员的服务流程、服务方式，加强服务质量管理，因为他们代表的是整个酒店而非个人。只有提升了服务质量，树立酒店高质量服务形象，提高酒店知名度和美誉度，

---

① 人力资源开发网：http://www.hr.com.cn。

从而提升酒店整体竞争力。

讨论与作业

结合案例讨论酒店服务质量管理的重要性。

案例 2-6

广东胜利宾馆的服务管理[①]

广东胜利宾馆坐落在广州著名的外事游览区和历史文物保护区——沙面岛上，宾馆四季绿树缠绕，环境幽雅，有"世外桃源"之美誉。280 个餐位，管理上划分为 4 个区，每个区有 3 名服务员负责。要使服务准确及时到位，很重要的就是"补位"：一是 3 名服务员在服务责任区域内互相补位，勤巡视、勤观察、勤走动；二是 3 名服务员中有 1 名需要兼顾周围其他区域内的服务，以弥补临近区域可能因忙碌而出现的漏洞；三是领班、主管、部门经理等各级管理人员补位。管理人员主要从事现场管理，他们并不确定具体的岗位，但是对现场服务也必须及时补位。发现问题，绝不暴露在客人面前，而是由管理人员无声无息抢先补位满足客人的需要。事后记下来，在以后的班前会和班后会（各 10 分钟时间）上找出症结，提出解决的办法。三重补位，使得服务员的工作量加大了，但是最终得到的回报是宾客们的高度满意。

案例评析

补位服务要求员工能够时刻关注客人，紧盯自己的服务区域，不遗漏客人需求，主动观察客人的动向，随时发现客人需求并予以满足。

讨论与作业

1. 员工培训的重要意义是什么？
2. 培训的方法有哪些？分别适合什么培训？
3. 培训效果的评估如何进行？
4. 如何对员工全面培训？

第三节 激励管理与绩效管理案例

人力资源作为酒店的重要资源内容，具有极为重要的甚至是决定性的作用。如何较好地利用人力资源，充分发挥人力资源的优势，成为大多数酒店面临的首要问题。激励机制作为酒店经营管理体系的组成部分，具有特殊的功能和地位，是酒店发展的发动机、助推器和催化剂。如何打造一套科学、合理、有效、适用的酒店人力资源管理激励机制，就成为酒店业亟待解决的问题。

[①] 曲静：《饭店经营与酒店管理》，经济科学出版社 2011 年版，第 103~104 页。

一、激励管理

（一）激励的概念

激励一般是和动机联系起来的，主要指人类活动的一种状态。动机指的是为满足某种需要而产生并维持行动，以达到目的的内部驱动力。因此，无论是激励还是动机，都包含三个关键要素：努力、组织目标和需要。激励是针对人的行为动机而进行的工作。因而激励的对象主要是人，或者准确地说，是组织范围中的员工或领导对象。

（二）激励原则

1. 科学性原则

科学性原则是指酒店在制定人力资源管理的激励机制过程中以及在对人力资源进行激励的执行过程中，应该遵循公平、合理、准确的原则。公平主要体现是相对的公平和机会的公平。合理的体现首先是激励的措施要适度，并且个人发展要和酒店的整体发展协调一致。准确要求人力资源的激励机制能够精确地定位于每一个员工，实现精细化管理。

2. 有效性原则

有效性原则是指酒店制定的人力资源管理的激励机制应该符合酒店的实际情况，并且便于实际操作，体现激励的效果，达到激励的目标。首先，激励机制应具备较高的现实性；其次，激励机制在充分考虑酒店实际的情况下，还应满足可行性；最后，应考察在激励机制的运作过程中，激励机制的目标与激励机制的结果是否相符合。

3. 普遍性原则

普遍性原则是指酒店的人力资源管理的激励机制应该能够覆盖酒店的各个部门和各个层次的员工，具有普适性和广泛性。具体来讲，激励制度应当适用于每个酒店职员，而不是仅适用于企业中某一个人或某一部分人。从另一个角度来看，激励具有普遍性，和评判标准相对一致的概念相似，即同一任务或工作下，评判的标准应当相同，不同任务或工作之间，评判的等级、奖励应该相当。

4. 针对性原则

针对性原则是指酒店人力资源激励机制的制定和执行，应该针对酒店自身情况，能够满足自身适用的特点，以便实现功效的最大化。在酒店的日常经营和管理中，激励制度应该是一个"定制"的概念，由于每个酒店都是"个案"，因而不同酒店的人力资源的激励机制应呈现特殊性和差异性。

（三）酒店员工激励机制的方式

1. 有形方式

有形激励方式主要指激励能够具体体现出来的、被员工实际感知的、相对物质化的和制度化的方式，主要包括薪酬激励和福利激励两种。

2. 无形方式

无形激励方式主要指非制度层面的、不一定有具体形态的、内在的方式，更多体现在情感、心理、思想层面，主要包括组织激励和环境激励两种。

二、绩效管理

（一）概念

绩效考核是利用制定好的标准和指标，对企业员工在以往的一段时间内的工作效益进行评价，并且根据评估的结果对员工的工作行为进行表扬或批评，对员工的工作业绩进行引导和加强的方式。绩效考核是一种管理体制，也是一项工程，主要有业绩考核和行业考核两种。

（二）酒店绩效管理的重要性

（1）有利于提高员工的工作积极性。
（2）有利于进行员工培训和规划。
（3）有利于人力资源管理的科学性与标准化。

案例2-7

万豪国际酒店对员工的激励[①]

万豪是全球首屈一指的国际酒店管理公司，管理着遍布全球74个国家和地区的超过4700家酒店和21个品牌。2016年全年收入达170亿美元。万豪激励自己的员工，主要有以下几种方式：

（1）善待员工能换来真诚。"每天早上醒来，我都期待去上班，不仅是我热爱我的工作，而且还去上班的时候看到我的家人在那里工作真是太棒了。宾至如归，感觉就像在家里一样，每天迎接新老朋友。"

（2）以万豪的核心企业文化时刻激励员工。我们把人放在第一位——因此，善待我们的同仁等于善待我们的客户；我们追求卓越的服务——每一处细节都体现出了我们对客户的奉献；我们乐于拥抱变革——万豪的发展史一直伴随着创新；我们服务于世界——我们的服务精神使我们的公司更强大。

（3）让员工幸福快乐。万豪从精神层面采取很多措施，比如健身房、干洗服务、日托，甚至是灵活的工作时间，即弹性管理。

---

① 成旺坤：《激励员工的20大策略与198个技巧》，广东人民出版社2018年版，第125～126页。

(4) 注重员工培训。万豪的员工在开始工作之前，要花 30 天的时间进行培训，让员工了解企业的方方面面，包括企业文化。公司也会用轮岗培训对员工进行激励，这是个双赢的结果。

案例评析

该案例带来的启示：员工是企业的内部顾客，我们要像关注客人一样去关心员工，只有快乐的员工才有优质的服务，才能提高员工忠诚度，让企业的核心竞争力不断得到提升。

讨论与作业

1. 激励管理在酒店管理中的重要意义是什么？
2. 绩效考核在人力资源管理中的重要性是什么？
3. 员工激励的方法有哪些？

第四节　薪酬管理案例

一、酒店薪酬的概念及内涵

薪酬的含义，具有狭义与广义两个层面。狭义的薪酬指的是个人获得的劳动经济报酬，包括工资和奖金等各种以货币或其他实物等形式所表现的补偿。而广义层面的薪酬，则包含了两个部分的内容：经济报酬和非经济报酬。其中经济报酬的主要含义与上述狭义含义大致是相同的，非经济报酬则指的是员工个人内心对酒店及自身工作的具体感受。广义员工薪酬主要构成大致如图 2-2 所示。

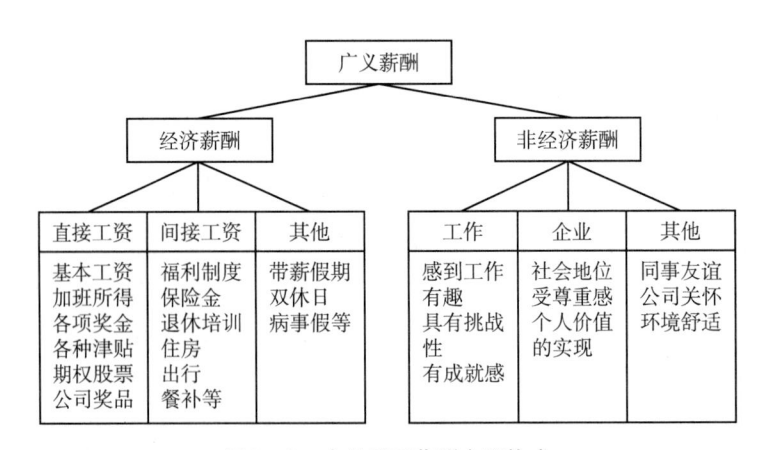

```
                广义薪酬
                /      \
           经济薪酬    非经济薪酬
          /  |  \       /  |  \
      直接工资 间接工资 其他  工作 企业 其他
```

直接工资	间接工资	其他	工作	企业	其他
基本工资 加班所得 各项奖金 各种津贴 期权股票 公司奖品	福利制度 保险金 退休培训 住房 出行 餐补等	带薪假期 双休日 病事假等	感到工作有趣 具有挑战性 有成就感	社会地位 受尊重感 个人价值的实现	同事友谊 公司关怀 环境舒适

图 2-2　广义员工薪酬主要构成

(1) 工资是员工薪酬最基本的部分。我国传统的工资制度为结构工资制，即由基本工资、岗位技能工资、工龄工资等构成，现代企业一般实行建立在岗位评价基础上的岗位等级工资制度，以岗位的相对复杂程度和价值大小再结合市场工资价位确定岗位工资系列标准。

（2）奖金是员工薪酬的重要组成部分。奖金是对员工个人超时、超额、超质量劳动的报酬。它直接与员工个人的当期绩效挂钩，也可以与部门或群体甚至企业效益挂钩。奖金是薪酬中最具时效性、针对性和动态性的部分，因此不会固定，会经常根据需要变化。

（3）福利是员工的间接报酬。一般包括健康保险、带薪假期、过节礼物或退休金等形式。这些奖励作为企业成员福利的一部分，奖给职工个人或者员工小组。

二、薪酬分配的依据

（一）岗位价值

岗位价值指企业依据岗位价值的高低支付薪酬，高价值岗位高薪酬，低价值岗位低薪酬，不因为任何人的个体差异性而受影响。岗位价值需要通过某种评估方法确定。

（二）业绩贡献

业绩贡献指企业依据个人业绩大小或完成工作的价值支付薪酬。这种支付依据非常适合个人业绩方便衡量的情况。

（三）技术等级

技术等级指企业建立内部技术或能力等级体系，依据个人评定的技术或能力等级支付薪酬。这种方式要求公司内部构建的员工技术和能力等级体系，并设立评估委员会负责员工的等级评定，按照员工评定的技术等级发放薪酬。

（四）职务级别

职务级别指企业根据职务级别的高低不同进行分配。行政单位、国有企业较多使用，对岗位不太区分，一般给人"吃大锅饭"的印象。

（五）特别补贴

特别补贴指针对公司鼓励的特殊情况进行补贴，例如，外派到艰苦或远离家庭的地区工作，持有公司急需的资格证书，从事有危险、危害的工作，是稀缺人才等。

（六）态度表现

态度表现指企业以员工态度表现为分配依据。态度表现一般由多个评估要素构成，企业通过综合评价手段收集对员工的评价。以态度表现作为分配依据一般在分配奖金、利润、股份时更为适用。

（七）累计贡献

累计贡献指以员工的历史贡献为分配依据。由于员工加入公司时间不一，所以对公司的积累贡献不一样，相同岗位的员工工作 5 年的和工作 2 年的对公司贡献是不一样的。所以累计贡献分配依据一般也是在分配奖金、利润、股份时更为合适。

（八）发展潜力

发展潜力是指将员工的个人发展潜力大小作为分配的依据，向符合公司培养要求的员工倾斜，非常有利于高潜力人才的激励和保留。

三、薪酬体系设计过程

（一）制定薪酬策略（明确企业的总体战略）

这是企业文化的部分内容，是以后诸环节的前提，对后者起着重要的指导作用。它包括对职工本性的认识（人性观）、对职工总体价值的评价、对管理骨干及高级专业人才所起作用的估计等核心价值观，以及由此衍生的有关薪资分配的政策和策略，如薪资等级间差异的大小，薪资、奖励与福利费用的分配比例等。

（二）职务分析与工作评价

这是薪资制度建立的依据，这一活动将产生企业的组织机构系统图及其中所有工作说明与规格等文件。

（三）市场薪酬调查（主要指地区及行业的调查）

这一步骤其实并不应列在上一步骤之后，两者应同时进行，甚至应在考虑外在公平性而对薪资结构线进行调整之前。这项活动主要需研究两个问题：要调查什么；怎样去调查和数据收集。调查的内容，当然首先是本地区、本行业，尤其是主要竞争对手的薪资状况。参照同行或同地区其他企业的现有薪资来调整本企业对应工作的薪资，可以保证企业薪资制度的外在公平性。

（四）薪资结构设计

所谓薪资结构，是指一个企业的组织机构中各项职位的相对价值及其对应的实付薪资间保持着什么样的关系。这种关系不是随意的，而是服从以某种原则为依据，具有一定的规律。这种关系和规律通常多以"薪资结构线"来表示，因为这种方式更直观、更清晰、更易于分析和控制、更易于理解。

（五）薪资分级和定薪（或称确定薪酬水平，主要内容是薪酬范围级数值的确定）

这一步骤是指在工作评价后，企业根据其确定的薪资结构线，将众多类型的职务薪资归并组合成若干等级，形成一个薪资等级（或称职级）系列。通过这一步骤，就可以确定企业内每一职务具体的薪资范围，保证职工个人的公平性。

（六）薪资制度的控制与管理（或称薪酬评估与控制，主要内容是对薪酬的评估及成本控制）

企业薪资制度一经建立，如何投入正常运作并对之实行适当的控制与管理，使其发挥应有的功能，是一个相当复杂的问题，也是一项长期的工作。

案例 2-8

由工资倒推任务[①]

很多企业做预算的时候，总是给下面的人安排任务，这等于"逼着"他去做。华为的做法则截然相反。就一个规定：首先给他一个工资包，他拿多少工资，按比例倒推他的任务。比如，给他 500 万元的工资包，他拿的工资是 30 万元，那么他必然为这 30 万元去想办法完成绩效。企业最核心的管理问题是：一定要把公司的组织绩效和部门的费用、员工的收入联动。这样一来，最重要的是将核心员工的收入提高。而给核心员工加工资，可以倒逼他的能力增长。企业要考虑员工怎么活下去，要考虑员工的生活质量不下降。员工有钱却没时间花，这是企业最幸福的事情。而企业最痛苦的是什么呢？低工资的人很多，但每个人都没事干，一群员工一天到晚有时间却没钱。所以在华为，强制规定必须给核心员工加工资，从而倒推他要完成多少收入。每年完成任务，给前 20 名的员工加 20% 工资，中间 20% 的员工加 10% 的工资。每超额完成了 10%，再增加 10% 比例的员工。此外，即使部门做得再差，也要涨工资，不过可以减人。很多企业经常犯一个错误：部门绩效越差，就越不给员工涨工资。如果工资不涨，优秀员工肯定要走，剩下的都是比较差的。对于中小企业而言，不能像华为一样每个员工工资都很高，但你可以让核心员工工资高。在这种情况下，核心产出职位的薪酬要增加成为必然。总之，要留住核心员工，给少数优秀的员工涨工资，来倒推你的任务，这就是增量绩效管理。

案例评析

薪酬是员工高度关注的，薪酬结构与薪酬体系是否公平合理，关系到员工的工作热

[①] 任蕾：《浅谈企业薪酬管理》，机械出版社 2013 年版，第 98~99 页。

情与工作积极性。薪酬能起到杠杆的作用，既能吸引人才，又能留住人才，还能体现酒店的经营理念和企业文化。

讨论与作业
1. 结合案例，说明薪酬福利的作用是什么？
2. 如何制定科学合理的薪酬体系？

案例 2-9

这样的薪资合理吗？[①]

某高级度假村位于郊区，是集餐饮、客房、娱乐为一体的休闲、度假、旅游、会议接待场所，始建于20世纪80年代。该度假村具有事业单位性质，下属于某市政府，承担接待重要官员任务。

该度假村硬件条件非常优秀。其占地面积3000余亩，三面环山，一面临水，环境优美，风景如画。度假中心设施完善而舒适，建有标准客房、高级标准客房、高级套间、别墅。设有会议室、多功能厅供顾客会议娱乐。配备中央空调、卫星接收电视、程控电话、电子门锁等现代安全设施。餐厅经营川、鲁、粤等各式菜肴。娱乐项目多样，有保龄球馆、台球、乒乓球、壁球馆、室内网球馆、室内羽毛球馆、室内游泳馆。设有歌厅、KTV功能的休息室、健身、自动棋牌室等一系列娱乐活动。

该度假村的技术人员主要指厨师、工程维修人员。原先度假村技术人员的基本工资采用的是岗位加能力的工资制，按照岗位级别和能力级别发放工资。能力级别的区分则是基于个人是否拥有能力证书和拥有证书的等级，对于厨师来说，评价标准就是厨师等级证书。无论实际烹饪水平如何，厨师长比普通厨师的工资高，有厨师证书的工资比没有证书的高，特一级的厨师工资就比一级的厨师高。工程维修人员也是如此。度假村领导本以为这种工资制度能够有效激励员工提高工作能力，但实际工作中却发现，诸多人员通过买卖证书，而非提高自身能力来获得高薪酬，员工持有假证书的现象普遍。此外，技术工人的流失率也居高不下。基于证书的能力工资制似乎并没有起到预期的作用。

此外，由于度假村的服务多样，客房、娱乐设备齐全，工程维修人员的工种设置也很全面，包括水工、电工、管道工、木工等。一方面，度假村花费了较高的成本雇用这一批维修人员；另一方面，当某地同时出现几个维修问题的时候，往往需要派出多个维修人员同时前往。由于度假村占地面积广，各设施之间距离间隔较远，一来一回需花费较长时间，因而度假村时常出现工程维修人员短缺或维修不及时的问题，严重影响了度假村的有序经营。

案例评析

首先，技术工人的薪资取决于技能等级证书的高低，但是等级证书未必能完全代表

---

① 刘昕：《薪酬管理》，中国人民大学出版社2017年版，第77~78页。

个人能力。如果薪酬体系出现高能低薪或低能高薪的现象，则是对员工的不公平，导致技术工人跳槽或人才流失，增加企业运营成本。

其次，薪酬体系未能起到激励作用。该企业的技术工人普遍技能单一，即使技能丰富的员工拿到的薪酬也与其他工人无异。这无疑暗示员工无须一专多能，因为薪酬无法体现个人价值。该度假村路途遥远，技术工人技能单一，导致出现问题时人员短缺。如果技术工人能够一专多能，不仅可以降低人力成本，还能提高工作效率。

改进措施

第一，构建以能力为导向的薪酬体系。取消以证书为主导的工资机构，构建以能力为导向的薪酬体系。度假村可以通过每年进行技能大赛来给员工定级，以实现合理的薪酬水平。

第二，针对维修工人，除了按照技能定薪以外，还要实行岗位津贴制度，鼓励技术工人"一专多能"，视积分来兑现岗贴。

第三，薪酬体系制定得科学合理，不仅可以优化资源配置，降低运营成本，还可以提高员工士气，起到吸引人才和留住人才的作用。通过薪酬这个杠杆，调动员工的积极性和主动性，起到激励作用。

讨论与作业

1. 薪酬在人力资源管理中的地位和作用是什么？
2. 薪酬体系设计过程中需要注意哪些问题？
3. 如何设计出公平合理的薪酬体系？遵循哪些步骤？

第三章 酒店财务管理

本章导读

  酒店是独立经营、自负盈亏的经济实体,财务管理是酒店经营管理系统中的一个子系统,是从价值上对酒店经营活动进行的一种综合性管理,主要任务是围绕酒店经营目标,保证酒店在经营活动中得以顺利进行所需资金的提供,制定财务决策,搞好财务控制和实施财务监督[①]。

  财务管理工作贯穿酒店生产经营活动的始终,是酒店管理制度的主要内容,对酒店的发展速度以及发展规模具有深远影响。一方面,重视酒店财务管理工作,促进预算制度、风险防范制度等财务相关管理制度的完善,有利于加强酒店内部管控力度、提高对酒店经营活动的自我调节能力,从而增强对各种经营风险的抵抗力和复杂市场环境的适应力。另一方面,加强对酒店各种财务报表和数据的分析,可以全面及时地掌握菜品是否符合顾客消费标准等经营管理中的常见问题,有利于了解酒店经营管理现状、预测酒店经营活动的效果,为提高酒店经营利润实现预定目标及规划未来发展方向等提供依据[②]。

  财务管理作为一种价值管理,客观存在着灵活性和综合性的特点。服务于饭店核心竞争力的建设,它必须具有迅速反应、及时反馈的能力,其中要特别注重对核心竞争力的相关要素的财务敏感度、财务杠杆效应的分析与研究。酒店财务管理工作要加强对创新活动阶段的资金的支持、预算控制、员工激励和财务资源的规划,实施有效的财务调控和风险监控。优化财务资源配置是提高财务核心竞争力的重要条件,也是饭店核心竞争力的内在要求,具体内容包括:参与更大范围的财务指导与控制;实施财务重整和优化,如开展 ERP 等;网络业务的财务调控与管理;创建学习型组织,实施酒店组织能力的综合评价等。

  酒店财务管理要素是酒店财务管理的重要组成部分,是财务管理目标与财务职能的统一。根据酒店财务管理的内涵和实质,财务管理包括资金筹集、资产营运、成本控制、收益分配、信息管理和财务监督六大要素。根据我国财政部 2006 年重新修订,

---

[①] 李丽英:《现代酒店财务管理中存在的问题及发展方向分析》,载于《财经界(学术版)》2013 年第 2 期。
[②] 范雪红:《现代酒店财务管理的问题及对策分析》,载于《中国商论》2018 年第 17 期。

自2007年1月1日起施行的《企业财务通则》第三条第二款的规定，酒店财务管理包括制定财务战略、发挥财务职能、合理筹集资金、有效营运资产、控制成本耗费、增加酒店收益、规范收益分配、增强酒店活力、规范重组清算财务行为、妥善处理各方权益、加强财务监督、实施财务控制、加强财务信息工作、提高财务管理水平七方面内容[①]。

酒店从财务系统设计到资本运作过程均需要充分考虑内外部环境因素的影响，不要轻易进入那些与其核心优势缺乏较强战略关联的产业领域，因为只有建立在现有优势基础上的战略才会引导酒店获取或保持持久的战略优势。

第一节　酒店成本管理案例

酒店成本管理是针对经营时发生的成本项目进行预测、决策、计划、控制、核算和分析一系列科学行为的总称。在实践过程当中不断完善管理制度，找到更好的解决策略和控制方法，最终制定出适合本企业的成本管理制度，它不仅可以增加企业的营业利润，也可以帮助管理者制定出合理的经营战略。

为了便于对成本进行管理，一般将酒店费用分为营业成本和期间费用。营业成本是指为经营活动发生的直接支出，包括直接材料的进价成本和商品的进价成本。期间费用是指企业本期发生的，不能直接或间接归入营业成本，而是直接计入当期损益的各项费用，包括销售费用、管理费用和财务费用。

现代酒店是一个集宿、行、娱、购、游为一体的综合性服务，是一个集现代科技文明、物质文明、精神文明于一体的经济实体。随着客人的需求不断发展，要想企业利益最大化，企业的管理者应当对企业的人力、物力、财力充分合理地利用，减少生产过程中的损失和浪费。在市场经济条件下，同行业间的竞争越来越激烈。酒店要在竞争中立于不败之地，只能在保证服务质量的条件下，以优惠的价格取胜对手。而优惠的价格，要通过加强成本费用管理、降低成本费用来实现。

酒店成本费用的管理，既要考虑国家的有关规定，又要符合酒店的实际利益。因此，在成本费用管理中，必须严格遵守国家规定的成本开支范围及费用开支标准、正确处理降低成本费用和保证服务质量的关系、健全成本费用管理责任制实行全员管理的原则。成本费用控制主要采用定额控制、比率控制、预算控制、主要消耗指标控制的方法[②]。

酒店成本管理中的问题主要表现在：①由于酒店管理人员成本管理意识薄弱，酒店没有真正建立一个系统的成本管理体系，没有对采购、验收、仓储、生产经营、服务、销售等各个环节进行成本控制，导致每个环节漏洞百出，给企业无形之中增加了负担；

[①] 方燕平：《现代酒店财务管理》，首都经济贸易大学出版社2010年版，第5~8页。
[②] 赵英林、李梦娟：《酒店财务管理实务》，广东经济出版社2006年版，第143~155页。

②酒店员工没有真正参与到企业成本管理中，存在酒店大量资源浪费、水电能耗浪费、办公系统浪费、物品丢失等现象；③不能合理地处理采购成本与存储成本之间的关系，出现采购数量过多造成存储费用上升及原材料变质等问题、采购过少则可能造成供应不足现象，加大机会成本；④忽视香皂、牙刷等酒店日常运转所需低价值物品的管理，造成这些物品丢失和浪费严重，加大酒店的成本，影响酒店的效益；⑤缺乏对酒店设备的维护和保养，不能严格按照使用要求操作，造成了酒店的设备寿命较短、损坏后维修难度加大，导致增加酒店固定资产运营成本①。

案例 3-1

MR 酒店的成本管理弊端②

MR 酒店现有客房约 300 间，设施齐全，酒店主营收入涵盖客房收入、餐饮收入、酒吧收入，收入主要来自餐饮及客房收入。财务部负责统一管理 MR 酒店餐饮成本的核算。客房用品的采购管理、库存管理和成本核算三个环节构成了 MR 酒店客房用品成本管理的核心。

MR 酒店成本预算是分季度进行编制，主要采用固定预算法。对于酒店最大的一项成本支出——原材料成本，仅采用压低采购成本的方式应对，经常发生采购不及时或采购较多、采购品不合格等情况。业绩考核只是在酒店系统内进行，所下达的指标基本上只是在前一年的数量基础上按照一定的比例上浮所得，对一些指标的考核也只是以部门为单位，往往偏离实际工作情况。

案例评析

从案例中可以看出，MR 酒店成本预算是分季度进行编制，编制期限较长，成本预算编制与执行受到编制时间的影响，会使得预算工作频率偏低。成本预算主要采用固定预算法，成本预算审核汇总与调整过程中，不能及时进行沟通和信息反馈，会大大降低酒店成本预算编制准确性。忽略采购环节与其他环节之间的紧密联系，片面、孤立地压低采购成本来控制原材料成本，主观性较大，缺乏对采购时间、渠道、数量和标准进行事前计划。该酒店未建立有效的成本考核评价机制，评价标准和管理目标不明确。未及时跟随市场大环境的变化，按照季度或半年对考核指标进行修改与调整，使得考核指标偏离实际工作情况。

讨论与作业

谈谈你对有效完善 MR 酒店成本管理的建议。

---

① 郝笑波：《酒店业成本管理存在的问题及解决对策》，载于《时代金融》2018 年第 1 期。
② 丛玲玲、马园园：《MR 酒店管理有限公司成本管理问题研究》，载于《现代营销》2018 年第 8 期。

案例 3-2

99 连锁旅馆"最小化"成本的法宝[①]

99 连锁旅馆于 2007 年 5 月成立，目前已经在全国运营了 300 家门店，连续 4 年稳居经济型酒店百元细分市场的第一名。

作为一家拥有成功管理模式的经济型酒店，其最大限度降低成本的手段主要有：①明确定位。99 连锁旅馆的最初定义即为经济型酒店，所以酒店没有其他增值服务，在制定计划时完全是按照经济型酒店来做，不提供多余的其他服务，减少客人不必要的费用，真正做到经济、简单。②酒店内部的现代化。99 连锁旅馆运用很先进的电子信息技术对客房进行高效整理，在酒店人员配置上做到一人多职、一人多岗，人与人之间靠对讲来沟通，增加办事效率，还推出了全部电脑操控的自助酒店，节省人力资源的成本，逐渐步入经济型酒店的数字信息化时代。③绝对地节省空间。在空间利用上绝不多出一平方米的剩余空间，就是床的大小加上浴室和仅供一人通行的距离即为房间的大小，这样的酒店内部布局没有多余的空间，大小正好适合客人居住。④只留有用的东西。把房间内不是绝对必要的物品像吹风机、饮水机等放到了公共区域，多个房间共用一个设备，这样就能节省很多设备的购买费用。⑤价格才是王道。管理人员抓住了自己消费群体的心理，每次只能节省几十元甚至十几元，相对于差不多的服务与居住环境，大多数的消费者当然会向往更加便宜的酒店，而不是注重酒店的品牌。

案例评析

99 连锁旅馆在经营过程中为达到节约成本、降低价格，获得市场占有优势和利润最大化，在经营定位和目标市场定位上十分明确，完全按照经济型酒店来做，只提供基本服务，真正做到经济、简单。旅馆主要依据房型的空间适用性、员工工作效率的最大化、饮水机和吹风机等共用的原则，极大地降低酒店采购成本和人员管理成本，以满足顾客对于价格便宜、整洁舒适、安全卫生等经济型酒店的预期，实现酒店的市场目标和经营目标。

讨论与作业

1. 影响经济型酒店成本的因素有哪些？
2. 结合案例，谈谈经济型酒店降低成本的策略有哪些。

第二节 酒店营业收入与利润管理案例

提高酒店的营业收入，是酒店的重要经营目标，也是财务部门工作的重中之重。市场部门可以采取完善产品和服务、组织节日促销等方式来提高酒店的入住率，财务部门

[①] 赵可新、杨晓蕾：《经济型酒店成本管理的研究——以 99 连锁旅馆为例》，载于《时代金融》2018 年第 3 期。

更多地需要在管理手段方面进行分析和创新，通过管理出效益。

一、酒店营业收入

酒店营业收入就是酒店按一定的收费标准，通过提供劳务或出租、出售等方式所取得的货币收入，包括出租客房、提供餐饮、出售商品及其他辅助项目的服务等所取得的收入。影响酒店营业收入的因素主要有：客房入住率的季节性较强、旺季与淡季差异很大，收入波动较大；酒店收入涉及多个部门岗位，且各自权限不同、管理难度较大；客户组成较复杂、层次各异，需求多样化；收费项目繁多、价格相差很大，收费方式多元，管理环节复杂；员工工作积极性、酒店促销活动等对酒店营业收入也有不同程度的影响。

财务部门是酒店经营策略的参与者，更是日常经营管理的操作者，一方面，要发挥财务工具的能动性，从制度上、流程上实现有效控制；另一方面，与其他部门加强合作，协调解决与酒店营业收入相关的各种问题。财务管理手段在提高营业收入、增加酒店利润方面的应用[1]，主要体现在以下几个方面：

（一）完善制度，实现对各个环节的有效控制

酒店的经营管理和业务运作必须遵循合理的组织结构和分工，相互制约、协调发展，实现有效控制。财务管理不仅是事后的管理，而且是贯穿于事前、事中、事后的整个过程，包括事后的修正和调整。酒店制度设计是否有效合理，决定着事前控制是否到位；事中控制则决定于执行人员的素质、落实程度及制度的可操作性；财务部门对于各种预算、计划执行结果的分析和纠正，是事后控制必须实现的目标。要做到有效控制，就必须加强制度建设，建立一套与酒店发展战略相匹配、适合酒店实际的制度框架，必须建立一支高素质的员工队伍，明晰各岗位的职责和任务，必须有完善的纠偏和反馈机制。

（二）建立成本费用管理系统，节支增收

酒店的客房数量、餐厅的座位数量是固定的，决定了酒店销售量是有限的，酒店要提高营业收入，降低成本费用是关键。财务部门应牵头对原材料、能源消耗等成本费用逐项调研，制定消耗定额，精打细算，减少浪费。同时，应在成本费用管理中利用计算机管理，计算原材料的有效利用率与销售实际毛利率，与预算中应耗用的营业成本和实际的差额来分析成本管理的绩效。

（三）规范采购渠道，完善物资供应管理

酒店所需的原材料、物料用品、低值易耗品、商品等品种繁多、规格复杂，一些定

---

[1] 梁木群：《提高酒店营业收入之浅见》，载于《科学之友》2008年第4期。

制的材料如客房的床品、毛巾、餐厅的餐具等，需要委托制作。酒店库房归属财务部门管理，财务部门应结合经营实际，制订合理的采购计划，既要保证酒店所需的物料及时供应，又不能造成积压，挤占流动资金。对采购渠道的管理，也要参照招标制度，公开、公正、公平地确定。

（四）流程化管理，减少内部损耗

流程化管理要求对酒店现有的流程进行全面的分析，各个岗位之间要保证衔接顺畅，各司其职。每项工作要有明确的操作规程，涉及收入的单据要全部规范化设计，编号管理。财务部门在流程设计或流程再造的过程中，主要任务是协调前厅、收银、财务、库管等涉及资金收支的岗位之间的关系，明确工作任务的操作步骤、需填写的表单及传递要求，以加强岗位之间的合作。

（五）制定灵活的价格策略，提高酒店竞争力

财务部门同时应参与酒店产品和服务的定价，结合季节、营业时段、客户分类、服务内容等因素，合理调整价格，运用团体客户折扣价、淡季折扣价、钟点房等销售手段，不断推出有吸引力的促销活动，应对市场变化，不断提高酒店的竞争力。

（六）加强人员管理，善用激励措施，提高员工工作积极性

人是第一生产力，员工的工作积极性是提高酒店效益的重要手段。加强员工的责任心，提高企业的凝聚力，使员工为酒店多做贡献，需要合理运用多种激励手段。要把好入口关，确保员工业务素质，关键岗位上（如收银员、保管员）要加强聘用管理，重点考察员工的人品、学历和工作能力，聘用品学兼优的人才。要加强在职员工的培训，普及相关知识，提高业务素质。要合理地采用薪资、福利等手段，加强薪资与酒店营业收入的联动，完善福利制度，加强员工生活保障，使员工的个人目标与酒店的目标相一致，实现个人与企业共同发展。

二、酒店利润管理

作为经营性企业，最终目标是以各种方式赢得利润和回报。提升酒店利润是一项综合性、系统性的工作，通过优化管理创收入、深入环节控成本，实行科学的、专业的管理方式才能正确地提升酒店利润。

（一）优化管理创收入

1. 优化收入结构，保证利润空间

酒店主要收入由三大部分组成：客房营收、餐饮营收及其他收入。目前业界三大部分收入普遍比例为客房占55%～60%，餐饮占25%～30%，其他收入占5%～10%。客

房投入大，但经营成本较低，是促进酒店产生利润的主要业务；餐饮经营成本高，利润空间较小。随着物价上涨及劳动力成本的增加，酒店利润逐步受到压缩。现行行业中其他收入日渐得到重视，尤其是物业租赁收入，该部分所得的纯收益对利润贡献大，所占比例有所提高。而物业租赁收入的赚取，需要从酒店设计、规划的阶段开始策划，以此改进整体收入结构，提高利润空间。

2. 优化客源结构，提高客房利润

顾客是酒店经营产生利润的基础，没有目标市场的酒店，永远缺少产生利润的顾客。因此，明确酒店定位，确定目标市场，优化客源结构，是提高客房利润的主要方式。

首先，要从酒店规划建设期开始，对酒店未来经营进行整体定位，比如确定为度假休闲或是商务会议型酒店，相应的配套设施及服务项目围绕酒店定位进行设置，酒店的经营计划根据酒店定位展开。只有明确了酒店定位，才可在此基础上进行市场细分，确定目标市场。

其次，加强客源结构的优化，强化主攻市场目标，提高顾客的利润含量。酒店客源按主要形式可分为散客、会议及团队等几个部分，其中散客价位较高，对客房营收贡献较大，尤其是商务散客，是促进客房利润提升的主要力量，在经营上可有针对性地提高该部分客源的比重；会议客源具有整体竞价优势，但遇大型会展会议，市场容量得到大幅提升，供需暂时出现变化，是酒店适时调整提升房价、增进收入的良机。即使平时相对小型的或是单体的会议，也会因为住店时间长，综合消费高而对整体营收起到拉升作用，也是酒店在经营销售中的主攻方向，提高该部分客源的比例，可以使客房利润有所提升。而团队客源对客房利润贡献较小，在经营淡季，可以作为补充，增加收入。

3. 优化收入渠道，增进营收质量

酒店各个收入来源均有其相应的特点，可以从分析各收入渠道对酒店营收的贡献系数及特征着手，相应地进行调整以提高营收的质量，提高每项营收的利润水平，尽量减少耗费人力、物力较大而实现利润较小的经营行为。按照大小类别分类有来自客房、餐饮及其他的收入，再深入细化又可分为散客收入、会议收入、团队收入、中餐收入、西餐收入等。通过不断细分收入渠道，从中筛选出对酒店营收贡献大、利润高的收入渠道作为经营侧重点，从而提高营收利润率。

（二）深入环节控成本

酒店成本产生在各个环节，从立项、标地、土建到设备选购配置，再到开业筹备及经营运作中的每一个环节都在发生成本费用。因此，从酒店立项建设开始就要注重酒店成本的管控，为未来经营赚取利润奠定坚实的基础。

1. 根据酒店定位，在建设期即着手成本控制工作

要做好前期整体规划，按照酒店定位要求，控制好资金的使用。如新建的酒店按星级标准配置，设施设备功能齐全，前期酒店投资者除了自有资金外，尚需要大笔贷款，由此必然产生高额贷款利息，并因在未来经营上需要摊销，最终影响了酒店的利润。这就要求对酒店整个建筑物的造价、配套设施的投入进行精心的计算。

2. 加强经营期的预算管理

预算管理是推进酒店目标管理及防范经营风险的科学管理工具，其既可以发挥酒店经营的目标引领作用，又可以规范酒店经营行为，避免盲目扩张、随意上项目及超额列支成本费用等，从而促进酒店经营在预期的轨道上运行，确保目标利润得以实现。在实行预算管理中，应规避预算的随意性，强化科学预算，使各项预算数据符合酒店行业运行比率，以确实发挥预算目标管理和约束的作用。

3. 优化人力资源配置，强化人力成本控制

随着社会经济的发展，人力成本支出比例在酒店经营中逐步加大，而客房等主要业务营收的增长水平却低于人力成本增加幅度，给酒店经营带来巨大压力。因此，在经营过程中，应制定灵活、科学的用人制度，采用交叉培训等方式，培养一专多能的多面手。并加强业务流程的重组及创新，采取组织结构再造，引进人均劳动成本率考核指标等措施，实现人力资源的优化配置，既达到保证酒店服务的需要，又实现人力成本有效控制的目标。

4. 建立健全成本内控制度，加强制度的落实及检查

为有效促进成本在既定控制目标范围内：一是在业务上加强成本标准化建设，如加强餐饮标准菜单制定及落实，推进餐饮毛利符合既定目标；二是加强财务、采购方面的管理，如餐饮原料采购实行询价、议价、定价等圆桌采购管理制度，保证原料采购的透明度；三是加强应收账款管理，做好应收账款管理是实现酒店利润的重要组成部分。只有通过制定详细、完善的应收账款日常管理制度，设置应收账款明细分类账，设置专门的赊销和诚信部门，实行严格的坏账核销制度。同时，严格内审和内控制度，从人员、岗位、责任及程序等方面进行规范。必要时可通过法律武器来捍卫酒店的合法权益。

5. 加强能耗管理

随着物价上涨，尤其是油价、电价的不断上涨，酒店能耗成本也不断提升。强化能耗控制成为提升利润的主要手段。能耗管理从酒店建设期的设备采购配置时就要开始，根据酒店规模、定位及要求，选取既符合酒店经营需求又实现较好节能的设备。同时在灯具、用电的设计和规划上都要合理考虑能耗的要求。在具体经营过程中，一方面是根据技术发展形势，适当对酒店设备进行技术改造，如将原来的锅炉改成空气源热泵、引进空调热回收技术等，达到节能降耗的目标；另一方面是加强管理，做好设备运行等级等标准化管理，推进节能降耗考核措施，灌输节能意识，将节能工作落实到每一个工作环节，把能耗控制在行业标准比例的范围之内。

酒店利润存在于从酒店立项、规划、建设、经营的每一个环节中，而且每一个环节均对利润的贡献大小产生重要的影响。尤其是在酒店建好的前提下，经营管理活动又构成是否可以产生利润的关键。因此，只有提高经营管理水平，实行科学的、专业的经营管理，才可以使酒店利润得到保障，推进酒店不断发展[1]。

案例3-3

提升酒店利润空间的反应链[2]

温州滨海大酒店于2009年5月16日正式开业，距离温州永强机场仅4千米，是一家汇集客房、餐饮、会议、娱乐休闲等功能于一体的外商独资豪华商务型酒店。整体设置时尚豪华、周边环境优雅、绿化生态环保。自2010年上半年开始申请五星级旅游饭店以来，该酒店经过近几年的创建，借优越的区位优势、完善的硬件设施和优质的服务，顺利通过了国家五星级饭店的验收审核，于2012年6月12日正式获批五星级旅游饭店。酒店占地面积60多亩，总建筑面积8.2万平方米，总投资达到4.6亿元，共有358间（套）房和别墅式客房。

温州滨海大酒店日常经营采用总经理负责制，在总经理下设置了房务部、餐饮部、销售部等业务部门，保障部门有保安部、工程部，管理职能部门有财务部、人事部、总经理办公室等。滨海大酒店财务机构比较健全，在多数关键岗位上设置了双重查验制度。对于酒店采购业务，设置了严格的授权审批制度。采购成本由多部门负责人共同签字审批确认。对于收银记账等业务全部纳入财务核算中，一方面可减少部门间的工作量，另一方面可通过财务与业务部门双重核实，提高资金的安全性。对外财务会计完全按我国现行的企业会计制度执行，运用通用的企业财务会计制度核算所有经济业务；对内还没有完全形成体系，格式与内容上还不太适应企业管理的需要。信息化还停留在核算层面，未真正与企业管理结合，还存在数据无法共享、数据安全性不高、集成度不太完善等问题。核算时只考虑了企业的整体收入与费用效益，并没有按各部门和各责任中心进行核算，除少量可以直接归集到客户的费用外，其他内容均计入期间费用中，不利用企业内部管理。

案例评析

针对该酒店成本管控与盈利性分析过程中存在的未对客户类型进行分析、不能提供有效的决策支持，部门成本归集不准确导致部门责任不清，未对酒店产品作业链进行分析等问题，可以采取作业活动控制、降低客户成本，合理定价、促进客户盈利提高，制定差异化营销策略、加强客户关系管理，加强会计信息系统建设等措施进行改善。

讨论与作业

1. 影响酒店营业收入与利润提升的因素有哪些？
2. 谈谈你对增加酒店营业收入、提升酒店利润空间具体举措的认识。

---

[1] 陈惠贞：《浅谈如何提升酒店利润》，载于《商》2012年第6期。

[2] 张文福：《基于作业成本法的温州滨海大酒店客户盈利性分析》，江西财经大学硕士论文，2015年。

案例 3-4

基于财务分析视角的三亚度假型酒店餐饮发展[①]

A 酒店为三亚一家国际品牌的五星级滨海度假酒店。表 3-1 是该酒店 2015 年 2 月和 7 月及 2014 年 2 月和 7 月的财务数据，对比分析可以看出 7 月的餐饮业绩是较差、营业收入与利润均在下降，酒店经营的固定成本所占比重较大、营业利润下降的幅度要远超营业收入下降的幅度，人均食品消费额在淡旺季有较大的差距等。

表 3-1　　A 酒店 2015 年 2 月和 7 月及 2014 年 2 月和 7 月的财务数据

项目	2015 年 2 月	2014 年 2 月	2015 年 7 月	2014 年 7 月
营业收入（元）	5584013	6474297	2310029	5557297
营业利润（元）	1968830	3271131	222226	2229681
客房出租率（%）	78.90	74.60	52.30	69.10
人均食品消费（元）	122	124	84.43	105.3
宴会营业收入（元）	763098	1449112	205843	1623438
宴会营业利润（元）	546817	1340403	91886	1175054
宴会人均食品消费（元）	199	155	121	198

从酒店经营实际来看，菜品质量不高、创新意识较弱、宴会营销力度不强、责任制度不合理，团队建设有待加强、员工流失率太高等问题突出，是造成该现象发生的主要原因。

案例评析

该案例从营业收入、营业利润、客房出租率、人均食品消费、宴会营业收入、宴会营业利润、宴会人均食品消费七个指标出发，对比分析了 2014 年和 2015 年同期两个月份的财务数据，并结合酒店经营实际出发寻找症结所在。结合财务分析视角的数据分析结果和酒店经营中存在的现实问题，可以从加强宴会宣传推广、提供个性化宴会服务、加大散客的营销宣传力度，提高菜点质量、强化菜点特色、提升酒店餐饮吸引力，加强团队建设、提升服务质量，加强餐饮成本控制、严把食品安全关等方面着手采取具体有效的改进举措，为酒店稳定发展提供指导。

讨论与作业

谈谈财务分析在酒店经营管理中的作用。

[①] 赖昊：《基于财务分析视角的三亚度假型酒店餐饮发展思路探析——以三亚 A 酒店为例》，载于《价值工程》2016 年第 6 期。

第四章 酒店设备物资管理

本章导读

随着时代的发展和人们生活水平的提高,仅仅提供传统住宿的酒店已不能满足人们的需求。现代酒店要提供从衣食住行、视听娱乐,到运动健身、商务购物、医疗美容等优质的综合服务来满足顾客的需求。酒店的设备设施日趋完善,酒店对设备的依赖程度也日益剧增。我们知道,酒店的产品是由有形设施和无形服务组成的。要使客人达到满意必须有两方面的支撑:一是服务硬件,包括设备设施、环境美化、装饰和气氛等;二是服务软件,包括仪表仪容、迎言送语、服务技能、安全与卫生等。而酒店设备是服务硬件的重要组成部分,通常酒店的工程设备设施投资额约占酒店建设总投资的 1/3 以上,要使这些系统正常运行,每年的维护保养费要占酒店总营业额的 15% 左右,这对酒店来说是相当可观的一笔费用。如果管理得当,能节省其中的 15%～30%,从而大大增加酒店的利润。因此抓好酒店设备的科学配置、利用与管理,直接关系到酒店的服务质量和经济效益。现在的酒店经营者越来越认识到,做好酒店的设备设施管理工作,是酒店经营取得成功的关键之一。

另外,酒店作为综合服务型行业,其对物资的需求如一次性低值易耗品、餐饮用品、办公用品、客房用品等的需求都是巨大的。在市场竞争激烈的当下,如若提高酒店物资的管理水平,采取开源节流的措施,弥补管理疏漏,树立科学的成本控制观,将会大大提高酒店的市场竞争力。

第一节 酒店设备管理案例

酒店设备是酒店在生产经营活动中长期、多次使用的机器、机具、仪器、仪表等物质技术装备的总称。按其性能可以分为给排水系统设备、供电系统设备、通信系统设备、空调冷冻通风系统设备、电梯系统设备、健身娱乐设备、音箱系统设备、安全设施、厨房和清洁卫生设备、办公设备等几大类。酒店设备是酒店进行经营活动必要的物质条件，如果酒店缺少必要的设备或者设备因故障不能正常运转，就会直接影响酒店正常的营业。酒店设备是提高酒店服务质量的重要保证。酒店以其所拥有的设施设备为依托，为顾客提供各种服务，酒店服务质量再好，如果没有相应的设备做配套，也会大大降低顾客的住店体验感。比如，空调的温度调节不灵敏、电梯控制出问题、冷热水的供应不畅、客房电话打不通、音箱有故障、房门不能正常开关等，都会引发客人在酒店逗留过程中的不满意和投诉。因此，酒店要保证并提高服务质量，必须加强酒店设备的管理，做到设备给服务"锦上添花"而不是"拖后腿"。酒店设备是提高酒店经济效益的重要手段。酒店设备投资大约占整个酒店投资的1/3还要多，因此酒店设备的采购、配置、使用、更新改造、设备报废处理等一定要本着效益第一的原则，运用科学的方法和手段去使用和管理设备，使设备得到优化配置，延长使用寿命，节约资源，降低成本，提高整个酒店的经济效益。酒店设备关系到顾客的生命财产安全。酒店除安排保安人员昼夜巡逻以确保客人安全外，酒店的安全设备如消防设施、电梯设施、防盗系统、门锁系统等应保证正常状态。如这些设备失灵而又不及时修复，将给酒店造成不可估量的损失。因此，设备管理的好坏关系到客人和酒店的生命财产安全。

酒店设备管理，是对设备采取一系列技术的、经济的、组织的措施，对设备的投资决策、采购、验收、安装、调试、运行、维护、检修、改造直至报废的全过程进行综合管理，最大限度地发挥设备的综合效能。其中在设备采购环节要根据酒店的定位，综合考虑各种因素，坚持以安全为前提、方便实用为基础的原则，力求购买的酒店设备成本最小、质量最好；在改造或报废的环节，在考虑安全性的前提下，也要考虑其经济性，有些设备是需要提前报废的，比如存在严重事故隐患的设备、维修费昂贵的设备、技术过时已满足不了酒店服务水准的设备等，这类设备即使没达到使用年限，也应考虑提前改造或报废，否则会得不偿失。

案例4-1

他们都是维修工[①]

太原市并州饭店南楼205号房是间长包房，住着两位德国客人，他们是一家合资企业的德方工程技术专家。一天晚上，两位德国客人从餐厅搬来一箱易拉罐啤酒及几个冷盘，各人坐在自己的床沿上，靠着电控柜兴致十足地饮起啤酒来。两人的酒量极好，一个劲儿地豪饮猛喝，不多时，喝剩的易拉罐就堆成一大摊。突然，整个房间的电灯熄灭了，一团漆黑。原来是他们喝酒不小心，打翻了一罐啤酒，酒水倒到电控柜上面，顺着缝隙渗进柜内，造成电路短路与电器故障。此时，两位客人尚未喝醉，头脑还算清醒，连忙摸到门口，打开房门，用略显生硬的汉语大声呼叫服务员。

当班服务员小严闻讯赶来，得知205号房发生断电事故。当即安慰德国客人，请他

[①] 王大悟、刘耿大：《酒店管理180个案例品析》，中国旅游出版社2007年版，第303~304页。

们放心，一定尽快修复。他马上跑到办公室，找到正在值班的客户部孟经理和主管小郑，报告了刚才的意外事故。孟经理和小郑二话没说，不慌不忙地从旁边的一个工具箱里熟练地取出螺丝刀、手电筒、电工笔、电源接线板、电吹风等工具（这个被称为"百宝箱"的工具箱里装着各种工具、用品及零配件，还有打钉枪、修理剪、裁纸刀、钳子、扳手、锉刀、钢锯、锤子、烙铁、油灰刀、刻字刀、刷子、毛笔、尺子、绝缘胶布、透明胶纸、砂纸、各式零块地毯、小木块、乳胶、修正液、钉子、螺丝刀等）然后一起赶到205房现场。

只见他们打着手电，麻利地卸开电控柜侧面的盖板，用干布、卫生纸把柜内的水分吸干，再从外面楼层引来电源拉好接通电吹风，对准受潮处使劲猛吹，只用5分钟就吹干了，刹那间房间里一片光明。

"哦！"两位德国客人禁不住欢呼起来，连声道谢，并竖起大拇指一个劲儿地称赞并州酒店的服务员和管理者的技术精、服务水平高。孟经理则表示，这是他们应该做的，并告诉客人，今后若在客房喝酒，一定要注意安全，防止类似的事故发生。两位德国客人连连点头称是，表示今后一定吸取教训。

案例评析

案例中的断电事故虽然是由于顾客的失误造成的，但酒店值班人员反应迅速，"发现问题—上报—快速解决问题"，一整套流程进行的从容有序。说明并州饭店的客房管理者和服务员工对他们所负责的酒店设备的使用、运行情况非常熟悉，业务能力也很高。按常规，遇到类似事故只能是先上报工程部，工程部再安排维修工来检查维修，但这样下来无疑会延长时间，给客人带来麻烦，影响客人的住店体验。并州饭店的可贵之处在于，对于常规的设备故障，做到"人人都是维修工"，这就要求饭店内从管理人员到服务员都要对自己所管辖区域的设备负责——从使用到常规维修。这种对设备的管理制度不仅增强了员工的责任感，更在遇到突发状况时缩短维修周期，提高客房服务质量。

关于对酒店设备使用的经验总结：

1. 建立完善的设备使用制度

包括设备运行规程、维护规程、操作人员岗位责任制、巡检制度和交接班制度等。使得饭店全体员工在规章制度的约束下，管好、用好、养好酒店设备。

2. 提高员工使用设备的技能

要求酒店必须不断地对员工进行培训；提高员工的操作水平，使员工达到"四会"：会使用、会维护、会检查、会排除一般故障。

3. 重要操作人员的重点要求

特殊岗位的员工要持证上岗，对这些员工要进行严格要求：严格遵守安全技术操作规程，实行定人定机、凭证操作制度；经常保持设备清洁，按规定对设备进行保养和维护；管理好保养、维护和检修设备的工具，做到不遗失不损坏；不在设备运行时擅自离开岗位，发现异常的声音或故障时应及时停车检查；如果设备故障不能处理的，要及时通知维修工人检修。

讨论与作业

1. 从本案例中我们可以得到哪些启示？
2. 阐述酒店设备维修及时性的重要性。

案例 4-2

"雨"中一景[①]

程先生跑了一天的业务，又累又脏，回到酒店房间后立即冲进卫生间，想痛痛快快地淋个"雨"（淋浴）。没想到刚抹完沐浴液正要冲淋时，原先还哗哗出水的喷淋头竟然停水了。程先生心想：我刚才是拔出那个出水开关下边的小开关（转换开关）后喷淋头才喷出水的，那么喷淋头不出水是否与这小开关有关呢？估计是吧。他检查后认定自己的判断是对的，原来那个小开关把"头"又缩回去啦。于是他又拔出那个小开关的"头"。呵，喷淋头又出水了。程先生觉得自己还算聪明，高兴地继续他的"雨"中享受。然而，程先生似乎高兴得有点太早，那喷淋头突然又"罢工"了。而这时的程先生全身上下的淋浴液并未冲洗干净，还有残留。怎么办呢？这时叫维修工来处理肯定是不合适的。身上的泡沫总要洗干净吧，不知他是急中生智呢，还是迫于无奈，只好身体下蹲，一手拔着那个小开关的"头"，另一手上下紧张地在身上操作，直到洗净为止。程先生为刚才自己这副滑稽模样感到好笑，自嘲此乃"雨"中一景也。

当他正想上床睡觉时，忽然发现床头柜上端端正正摆放着一张纸片，上面一行写着"宾客报修单"，下面的文字是："尊敬的宾客，欢迎您下榻本酒店！您在住宿期间若发现客房设备出现故障，请您立即拨打××××号电话，我们将随时予以处理。也可以请您在下表栏内填写，以便您外出时我们派人维修。给您带来不便之处，敬请原谅。"接下来是一个表格，左边项目是"设备名称"，右边项目是"故障情况"，落款是工程维修部。程先生找来笔就在表格里填写了有关内容，然后上床休息了。他想：明天晚上回来该不会再出现今天这幅"雨"中一景了吧，他哑然失笑。

案例评析

案例中出现的小故障，真实地发生在顾客身上时，其实是会让人感觉非常糟糕的。但这类小故障又往往难以被工作人员发现，一般只会在客人使用时才会被发现。这个时候，酒店推出"宾客报修单"，让顾客有及时反映问题的渠道，也适度缓解了顾客的糟糕心情，确实是值得称道和赞赏的。另外，"宾客报修单"还有别的作用，比如有些酒店（主要是度假型酒店）的客人可能两三天内均不需要服务人员整理房间，在这种情况下"宾客报修单"提供的报修电话，为宾客报修提供了方便，弥补了这两三天里服务员因无法查找设备故障而没有及时报修的缺陷。

[①] 王大悟、刘耿大：《酒店管理180个案例品析》，中国旅游出版社2007年版，第301~302页。

其实，客房设备属于消耗品，在使用过程中出现这样那样的故障是在所难免的，工作人员要做到及时发现和修复。对于有些不易察觉的故障，工作人员应学会举一反三，由点及面，从而及时采取措施以防患于未然。比如案例中淋浴的转换开关坏了，经顾客报修修复之后，工程部的负责人应由此及彼考虑到：其他房间的同类设备属于同期安装，其老化损耗程度相差无几，那么其他房间的同一种设备是否也有类似损坏的可能？是否需要有针对性地开展检修和保养工作？另外，所有的设备，都是需要定期检查和保养的，酒店工程部的工作人员应制定维修保养制度，按期对设备进行预防性的保养工作，发现隐患及时排除，发现问题及时解决。

虽然案例中的"宾客报修单"缓解了程先生的"无奈"，但劳累一天回酒店洗个澡还遭受此待遇，终究不是什么好的体验。酒店方能做的除了尽快修复并对程先生表达歉意以外，还应推出一些小的策略，比如给填写"宾客报修单"的客人一些小礼物或者小优惠，从而增加客人的住店满意度。

当然，加大设备检查的力度、广度和细度，减少此类情况的发生才是解决问题的根本之道。

讨论与作业

1. 案例中出现的"宾客报修单"对其他酒店对于设备维修方面有哪些启示？
2. 用自己的话阐述酒店设备管理的好坏对酒店服务质量的影响。

案例 4-3

酒店工程设备的全因素管理[①]

日本人在设备综合工程学领域创造了 TPM 制，也就是全员生产维修制。TPM 制把设备管理的内涵提高到全效率、全系统、全员以及 5S（管理、整顿、清洁、清扫和素养）的水平。

酒店工程设备的全因素管理是在 TPM 制的基础上，全方位、全过程、综合地比较考虑影响酒店工程设备管理的所有环节和因素，衡量得失，有所取舍，才能做出周密决策。其管理的总目标是利用酒店全系统工程设备为酒店经营创造最高效益，尽可能降低设备的购置、安装、改造、运行、能耗、维修、保养等综合成本，而又能为顾客提供与酒店档次相称的舒适服务。

全因素管理是人性化的管理：一方面，它以相对较低的成本满足顾客在安全、环境等方面的要求；另一方面，它要让管理者的精神和灵魂渗透到设备管理的全过程中去，灵活机动地达到管理的总目标。

全因素管理从某种意义上讲也是全成本管理，它把酒店工程设备内部因素和外部因素影响所发生的所有成本进行综合预算，然后做出准确的决策。全因素管理理念体现在

[①] 彭文刚：《酒店工程设备的全因素管理》，载于《饭店世界》2005 年第 3 期。

如下几个方面：

一是潜在的安全因素丝毫不能忽视。

二是酒店设备的定位。酒店设备并不是越豪华越高级越好，而应当与酒店的客源、定位、档次相匹配，必须全面估算设备管理所有环节发生的全部成本，突出酒店独特的风格和文化品位。

三是设备管理的中心。

四是设备购置的原则。设备的购置不只是考虑设备的质量和寿命，还应考虑设备的性能价格比、技术改造的可能性、与原有设备的配套、能耗成本、维持成本、对环境的影响、可能出现的意外事故以及采取措施预防是否可以完全避免事故的发生。

五是方便客人，珍惜员工的劳动。

六是设备的报废原则。设备的报废不一定要等到设备的寿命终结，也不刻意延长设备的寿命而不计算其经济性。

七是养护与清洁的重要性。养护与清洁是设备管理的基础，因为唯有如此才能大大延长设备的使用寿命。

八是人力资源配置。

九是设备管理制度化。

案例评析

随着酒店对酒店设备的依赖越来越多，设备在酒店投资运营、成本、利润、参与竞争、安全生存中的作用也日益凸显。要科学地管理好这些不同层次又技术先进的设备，达到安全周密、成本小、效益高的经营要求，必须有周全的管理制度。

全因素管理强调全过程、全方位、合理化、制度化、数据化、表格化、信息化、人性化的动态管理，综合考虑各方面的因素对酒店设备进行管理，不能顾此失彼，讲究的是各因素之间的平衡，从而达到经济性的最优。

讨论与作业

1. 用自己的话谈谈全因素管理的理念。
2. 根据自己的理解，对全因素管理作出评价。

第二节　酒店物资管理案例

酒店物资一般是指为经营需要，满足客人"食、住、行、游、购、娱"方面的原材料，包括商品、酒水、饮料、鲜活食品原料、调料、一次性客用品、低值易耗品，以及日常管理需要所用的办公用品、清洁维护用品等。通常情况下，按照不同的标准，可将酒店物资按以下几种分类：[1]

---

[1] 陈江伟：《现代酒店经营管理实务》，中国人民大学出版社2013年版，第138页。

（1）按物资的价值分。按物资的价值，可分为以下三类：①低值易耗品，指不够固定资产标准的价值在5元以上，使用年限在1年以上的各种工具、用品及家具。②物料用品，指酒店用于服务、办公及日常管理等方面的价值在5元以下，但使用年限在1年之内的各种日常用品，包括客用耗品。③大件物资，指价值比较高的各类物资用品。

（2）按物资的自然属性分。根据物资的自然属性，可分为棉织品、装饰用品、清洁用品、服务用品、玻璃用品、食品原料、餐具茶具、办公用品、燃料、印刷品及文具、维修材料及用具、消防用品等。

（3）按物资的使用方向分。根据物资的使用方向，可分为客用物资、食品原料、办公用品、清洁和服务用品、基建、维修用料、安全、保卫用品、后勤用品等。

酒店物资的特点主要就是品种繁杂、使用频率高、价差季节性大、采购的食品安全性要求比较高等，而且各个部门需求的物资用品互不相同。比如说，餐饮部门以食品原料、酒水饮料、餐具器皿等物资为主，而客房部则以一些基本生活用品为主，各个管理部门以日常办公用品为主，而后勤保障部门则涉及燃料、动力、维修器材等。这些不同部门中不可缺少的物资在体积、价值、品种、特性、使用方法、使用寿命、使用者等方面都是各不相同的，因此说对酒店物资用品做科学的分类是物资管理的基础。

酒店物资管理是对酒店物资资料进行计划、采购、保管、使用和回收，以使它们有效地发挥应有的使用价值和经济效用的一系列组织和管理活动的总称。通俗来讲，物资管理的目标就是物尽其用、降低损耗、减少浪费、降低成本。目前来看，酒店物资管理方面存在的问题大致是：采购环节把控力度不够及采购流程不够完善，库房管理制度不完善造成的物资损耗，酒店设备利用不充分导致的成本增加，做不到精细化管理导致成本控制制度的执行力欠缺，成本控制观念不到位导致物资使用浪费严重等。因此，转变观念和寻求科学的物资管理方法，进一步完善成本控制环节，是酒店管理者关注的热点。[1]

案例4-4

上海大厦的采购成本控制[2]

上海大厦所有物资采购全部归计财部管理。首先由各部门提出采购申请，各级领导把关，看是否需要。批准后立项，进行核价，这才算是有效的采购单。如防滑靴、电工鞋等在上海购买较贵，外地购买便宜而牢度较差，但因是定期更换的用品，牢度高毫无必要。一双节约几十元，一年就是数千元。小到女员工的唇膏也认真对待。大多数唇膏是内芯和外管一起出售的，他们找到"清妃"牌唇膏可以单独换芯，一支能省9元，一年又可节省几千元。

---

[1] 申晓雪、王炳通：《浅谈酒店的物资管理》，原创投稿栏目，2008年8月29日，http://www.chinaacc.com/tougao/article/2008/8/5579182421292880028512.html。

[2] 王大悟、刘耿大：《酒店管理180个案例品析》，中国旅游出版社2007年版，第60页。

餐饮原料采购方面，蔬菜肉类天天核价，同时请进三家供货商，由供货商自己报价，然后与当日的自由市场询价比较后再最终确定。10天付一次款，讲信用、不拖欠，供货商也会更诚心诚意地做到价廉质优；水产品则是5天一核价及时调整。同等质量的最低价格是选择供货渠道的唯一标准，不管是谁介绍都以这个标准来判定。

对于数量小、品种多的维修配件一般供应商只肯卖零售价，采购人员就去找有信誉的供应商，跟他们讲清数额总量大、利润可观的道理，终于达成批发价协议，节约额也有几万元。对许多用品想尽办法（如通过说明书、电话簿、商标等）找到厂家，出厂价就便宜得多。如固体酒精是"踏破铁鞋"才觅寻到外地的生产厂家，进货价一下从32元降到27元。

劳保用品的选购也要节约，一块肥皂便宜0.29元，一刀草纸便宜7分钱，一年下来，节约额也不可小觑。

客房用品在确保服务质量的前提下，平均每套降低0.2元，全年可节省2万多元。

案例评析

物资采购环节在酒店物资管理中的地位非常重要，此环节的成本控制最为关键。尤其在市场竞争压力持续增加的当下，加强对采购成本的控制对酒店来说更加重要，采购人员在物资采购时要综合考虑各方面的因素以保障供给，力求以最小的投入获得最理想的物资，从而增强酒店的竞争力。

案例中上海大厦的采购成本控制的做法，有如下几方面值得我们借鉴：

明确权限和责任。各部门需要采购时先提交采购申请，由各部门领导把关审核之后再决定是否采购，这首先分级明确了权限和责任，避免相互越位，也避免了因各部门欠缺沟通而造成物资浪费。因是由"各级领导把关"而批准的决策，所以比较透明，避免了"暗箱操作"。

细致审核。采购时，综合各方面的因素进行审核，比如案例中提到"防滑靴、电工鞋等在上海购买较贵，外地购买便宜但牢度较差，但因是定期更换的用品，牢度高毫无必要"。单这一项，一年就能节省数千元。

采购制度的完善。进行比价采购，"同时请进三家供货商"。建立企业采购信誉，诚信经营，与供应商建议良好合作关系。

采购人员的谈判技巧。有人说：一个好的谈判高手至少会给你的采购带来5%的利润空间。提高采购人员的谈判技巧也是控制采购成本的一个重要环节。

看到"小钱"的力量。所谓"积少成多"，"一块肥皂便宜0.29元，一刀草纸便宜7分钱，一年下来，节约额也不可小觑。"

讨论与作业

1. 阐述物资成本控制的重要性。
2. 对照上海大厦的经验，谈谈酒店在物资采购方面应如何控制成本。

案例 4-5

餐具管理，管家牵头[①]

餐具管理是一件让餐饮管理人员头疼的事，一家酒店，尤其是档次高的酒店，餐具器皿多达百余种，数量达到三四千是很正常的事。很多餐具买回来只用几次就用不上了；还有的餐具买回来以后根本就没上过台面，就直接进了库房；还有的品种因使用频率过高，破损后需要不断地补全。除此之外，酒店的总厨每到一个新的地方会根据自己的需求，添置一批新的餐具。有的酒店总厨经常更换，导致餐具数量激增，酒店老板见到餐具直摇头。现在的餐具价格昂贵，少则几十元，多的上百元。餐具随着菜肴从厨房到传菜间到餐厅到洗碗间再回到厨房，这中间极易发生破损；另外，由于人员多，也容易丢失。那么，这些巨额的餐具损耗由谁来承担？责任由谁来担当？

最有效的办法就是设立直接责任人，用形象说法来表述，就是为餐具找个"管家"，同时还需要酒店全体员工的参与。"管家"手里有一本明细账，类别、数量、报赔、报损、申请免赔等，账目清楚。仓库不定期抽查，凡破损餐具，必须在24小时内进行处理。餐具破损鉴定、申请补全等工作全由"管家"搞定，并随时对某个品种餐具进行盘点，厨房和库房则随时沟通，信息互告。而管家又将所有的餐具分配给相关的普通员工，建立个人责任制，并且也建立账目，列出数量、质量清单。这样一来，职责明确，谁负责的餐具少了，就由那个负责人赔偿，在第一时间内报告并且查清情况，不属于责任人负责范畴的，由大家共同平摊。而所有这些责任人在承担责任的同时，也享有相应的利益，即其职责范围内的事情做好了，能够拿到多于一般员工的奖金。

案例评析

案例中的酒店给餐具找到"管家"之后，用设立直接责任人的方法解决了餐具的巨额损耗问题，直接成本大大下降，是管理出效益的有力见证。总结一下，案例中的做法有三点最值得我们借鉴：

1. 在酒店物资管理中，建立可以追溯责任人的管理制度

案例中的"管家"总体负责，又将餐具具体分配各员工，建立个人责任制，职责明确，谁的餐具有问题一目了然。

2. 在酒店物资管理中，建立有效的监督和制约制度

权力落实给"管家"，仓库不定期抽查，厨房和仓库随时沟通，信息互告。责任平摊制度也强化了员工之间的互相监督功能。

3. 在酒店物资管理中，建立奖惩制度

有罚有奖，让责任人承担责任时，也享有相应的利益。从而激励员工的积极性。

[①] 王大悟、刘耿大：《酒店管理180个案例品析》，中国旅游出版社2007年版，第181页。

讨论与作业

1. 对照上述案例，谈谈对酒店餐饮部餐具的管理这方面，其他好的措施建议？
2. 谈谈酒店物资在仓储环节如何控制成本。

案例 4-6

禁止酒店免费提供"六小件"[①]

2015 年 8 月，浙江省人大常委会第二十一次会议对杭州市人大常委会第二十九次会议审议通过的《杭州市生活垃圾管理条例》进行了审议，决定予以批准。其中特别指出"住宿、旅游、餐饮经营者不得在经营活动中免费提供一次性用品"。这意味着，在杭州入住酒店，客人将不再享受免费的牙刷、牙膏、香皂、沐浴液、拖鞋、梳子等一次性用品，也就是酒店业所说的"六小件"。这"六小件"耗费多、浪费大，这样的状况在酒店业内已经习以为常。杭州很多高星级酒店每年在这方面的成本开支高达百万元左右。而"六小件"的浪费率很高，而且"六小件"多为塑料制品，填埋后很难降解，对环境造成污染。

国内，酒店取消免费提供"六小件"已有例在先：

2011 年国家旅游局新版《饭店星级的划分与评定》取消"六小件"客用品配套的硬性要求。

2013 年，广州规定酒店无偿提供一次性用品最高罚 1 万元。

2014 年长沙禁止酒店免费提供"六小件"。

国外，酒店取消免费提供"六小件"由来已久：

在欧美发达国家，酒店通常都不提供"六小件"。客房卫生间里的浴液、洗发水均用大瓶装，按需取用，也不提供一次性牙具、木梳和拖鞋。由于酒店的服务相当到位，消费者并没有因此感觉到酒店的服务水平打了折扣，反而有宾至如归的感觉。

从 1992 年起，韩国政府开始限制酒店一次性用品的供应，目前韩国全国约 500 家星级酒店几乎都不提供"六小件"。刚推行这个措施时，韩国当地居民和外来游客都很不适应，但在各方的大力宣传下，现在大家对此已习以为常了。

在杭州，这可是个新鲜事儿。一石激起千层浪。

有人说，这是大好事，让垃圾从源头减量，保护环境；也有人心存疑问。

对杭州这样一座国际化旅游城市来说，这也是个不小的挑战。杭州酒店的入住主体是外地人，外地人万一不知道酒店这个变化，到酒店后发现没有"六小件"，措手不及，怎么办？

怎么样才能尽快让更多外地人了解到杭州的这一新规呢？如何既实现环保了又不降

[①] 张晖：《环保！杭州严管垃圾 酒店取消免费一次性用品》，新蓝网，浙江网络广播电视台，2015 年 12 月 11 日，http://n.cztv.com/news2014/1182074.html。

低城市旅游品质？怎样让更多外地游客愉快地接受呢？

杭州酒店那么多，是不是都能做到不免费提供呢？酒店如果不配合，仍然免费提供"六小件"，怎么办呢？

说来说去，重在落实。

案例评析

除案例中出现的城市，重庆、青岛、深圳、云南省等城市和省份都提出要取消一次性用品的免费提供，并且也做了尝试，但是从目前情况的实施效果来看并不是很理想，大多变成了一纸空文。对此，有相关人士指出，这一长达10多年的"绿色行动"，一直没有实质进展，结果总是以"恢复提供"而草草收场。究其原因，主要有以下三个方面的原因：一是习惯意识问题，取消"六小件"大部分的房客会觉得不方便，环保意识也没达到那个高度；二是酒店方面不敢轻易冒险取消"六小件"，现在行业竞争激烈，顾客至上，如果面对的顾客觉得不适宜，那就是酒店方的"失职"；三是发文多以倡议为主，国家并没有出台强制性的管理措施。目前来看，取消酒店一次性用品的道路"路阻且长"，那么如何科学有效地管理一次性用品的使用，就显得尤为重要了。

（1）客房一次性用品放置方式的改变。

①将牙刷、牙膏分开放置。服务人员在打扫房间时（针对同一房客），如牙刷头没有明显变形，客人也没有提出更换要求，不用更换新的牙刷。针对入住时间超过三天的房间专门配备相对大克数的牙膏。

②使用塑料拖鞋取代一次性拖鞋，拖鞋更换后要消毒，并贴上"已消毒"标签。如果使用一次性拖鞋，打扫房间时（针对同一房客），如拖鞋未有明显污迹、湿迹，同时客人没有提出更换要求，不用更换新的拖鞋。

③将香皂换成可重复使用的洗手液瓶装后放至客房内，洗发沐浴用品均可替换为大瓶瓶装放置。

④一些使用率低的用品（例如女宾袋、信封等）可在大堂公共区域、前台放置，如宾客需要可自行拿取，无须放置客房。

（2）长包房根据协议要求配置，一般情况不配置一次性用品。

（3）楼层服务员在打扫房间过程中将可以重复利用的牙具套装、护理套装等外包装重新进行收集，不得随意扔掉。

（4）一次性用品的领用。

①对一次性用品的使用情况做好记录和统计工作，比如依照酒店制度，根据实际情况记录每间房的一次性用品的消耗情况。

②在发放时做好控制。比如客房仓库的一次性用品由库管统一发放，根据实际使用数量，提前做好统计，届时按标准配发。

（5）一次性用品的控制管理建议。

①规定区域负责人每周从仓库领取一次一次性用品。

②各区域负责人领取物品时必须填写上周各物品各类的余数,并将本周领取的物品数量做详细登记,签字确认。

③实行奖罚制度。比如设定一个科学合理一次性用品使用平均值,负责人领用一次性用品的数量超出平均值的多少就给予处罚,低于平均值的多少就给予奖励。

④定期盘存。定期盘存有助于及时了解所有物品的消耗情况,若发现消耗不正常现象应及时处理。

⑤制定管理制度,鼓励各管理人员抓好物品的节省和再利用工作,做到物尽其用,发挥其最大利用价值,从而节约成本。

讨论与作业

1. 酒店应采取哪些措施加强对易耗品的控制?
2. 酒店在物资管理中应如何应对政策性的禁令?

第三节 酒店设备智能化案例

随着酒店日趋激烈的竞争和不断攀升的客户期望,传统的酒店设备已无法继续增强酒店的核心竞争力,智能化设备进而赢得新的竞争优势。智能门禁系统、智能开关、智能家具、智能卫浴和智能灯具等智能化客房用品纷纷出现在酒店客房,一些高端酒店还开始使用人工智能、虚拟现实和聊天机器人等高科技产品,厨房设备、清洁设备等其他酒店用品也呈现出智能化的趋势,智慧酒店悄然而生。[①] 不久前,阿里巴巴在杭州开了一家未来酒店,中文名为菲住布渴,未来酒店不仅汇集了当下的高科技产品,更代表了未来酒店行业发展的趋势,一经推出就成为热点话题。未来酒店的副总裁梁波认为,旅游住宿业的科技重点体现在以下五大趋势:人工智能、云计算、大数据、移动互联网和虚拟技术。但一味地铺设智能设备并等同于智慧酒店,作为直接面对客人提供服务的场所,酒店应充分考虑个人隐私、个性化的需求,同时感受到高科技带来的舒适和便利。菲住布渴酒店曾被一些自媒体说是无人酒店,因为酒店里用机器人代替人力去做酒店运营过程中的重复劳动以及没有其他副产品的工作,比如机器人传菜、机器人递送物品等,但这并不能说明菲住布渴是一家无人酒店,因为酒店把节省下来的人力用来更多地从关爱、关怀的角度去帮助、服务客人,从而让住店顾客有更好的住宿体验。

酒店中智能设备的使用,能够提供舒适宜人的个性化生活和工作环境,提高顾客的住店感受。虽然初期投入时成本较高,但长期使用,会降低酒店的物耗、能耗、人员成本,从而为酒店创造经济效益,同时也实现了节能环保的社会效益。

[①] 梁波:《阿里未来酒店副总裁梁波解读智慧酒店五大趋势》,环球旅讯网,2018年11月29日,https://www.traveldaily.cn/article/125927。

案例 4-7

邳州天鸿凯莱大饭店：酒店建筑设备管理系统的智能与节能[①]

邳州天鸿凯莱大饭店坐落于江苏邳州市世纪大道888号，总面积约为3.5万平方米，共23层，高103米，是邳州市第一家国际水准的五星级酒店，系国内最具影响力的民族本地品牌凯莱酒店集团管理，由徐州天鸿（置业）集团有限公司倾力打造的集商务、餐饮、会议、休闲、娱乐于一体的高档豪华商务酒店。酒店毗邻当地交通枢纽，正式落成之后不仅迅速成为当地地标性建筑，与此同时也为邳州发展成东陇海产业带重要的水陆交通枢纽、京杭运河沿岸具有水乡特色和历史文化底蕴的生态宜居城市的目标写下了浓重的一笔。

1. 项目需求说明

（1）完善建筑体内设备的监测与控制，减少人力资源投入；

（2）设计合理的控制逻辑及措施，以期有效地降低设备能耗；

（3）保证系统的灵活性及兼容性，便于酒店管理公司的调整和扩展。

2. 楼宇自控系统

（1）冷热源监控系统：实时监测水路状态参数，根据末端设备负荷状态实时调整设备运行策略；

（2）给排水监控系统：实时监测检测集水井的液位状态，实时告警及联动排水泵；

（3）送排风监控系统：实时监测送排风机运行状态，合理设定送排风机控制策略；

（4）暖通空调监控系统：根据当前季节气温，结合区域设定温度，合理设定区域空调控制策略；

（5）电梯监测系统：实时监测电梯层指示、上行状态、下行状态、故障状态等参数。

3. 智能照明系统

（1）公共区域照明系统：电梯厅、公共走道等公共区域照明节能控制。

在公共区域建立了使用需求的判断机制，通过照度传感器和布设在公共区域中的人体感应探测器和声控探头，综合分析当前公共区域的人流密度和照度等级，通过交叉分析模型，确定当前公共区域需求等级。并同时为公共区域照明进行功能和区域分组，实时响应当前公共区域的照明需求等级。以期用最合理的方式达到最好的照明效果。

（2）功能区域照明系统：大堂吧、会议室、宴会厅等大型功能区域照明场景控制。

4. 系统架构说明

通过PORIS XC系列的主控分散结构，合理地将零散在酒店角角落落的设备组合成一个有序的整体，交由监控中心的电脑通过友好的人机界面供管理人员操作。

[①] 千家楼控网：《PORIS建筑设备管理系统建筑节能应用案例》，2014年6月30日，http://www.qianjia.com/html/2014-06/30_233363.html。

5. 节能应用技术浅析

建立起完善的设备监测和控制架构之后,已经在一定程度上节约了机电设备运行维护的人力资源。但这还远远不够,目标是打造一个会"赚钱"的系统,顾名思义就是通过合理的控制策略,节省一部分的能耗费用,以期在较短的周期内替业主收回初始投资成本,并在较长的周期内实现"赚钱"的目的。

案例评析

案例中的酒店建筑是一个全方面使用了智能设备的智能建筑。楼宇自控系统、智能照明系统在建筑中的运用,既能在未来的经营中减少人力资源的投入,又能有效地降低设备能耗。既利用设备提升了酒店的服务质量,给客人提供更好的住店体验,又响应了节能减排的号召。智能建筑节能是指智能建筑内能源的消费和合理利用之间的平衡关系,通常是利用先进的科技来达到"主动节能"。智能建筑节能,一般来说要首先考虑人的因素,因为再好的节能建筑、节能设备与节能技术,如果管理、维护人员的节能意识不强、技术水平不高而不利用这些设备和技术,节能建筑也只能是一纸空谈。其次要通过设备改造进行节能,常见而有效的方式就是引进节能设备,降低能耗;还有就是合理的设备运行监测与控制系统,实时动态的监测、分析并精确控制酒店电力、燃气、热水、暖气等能源系统的运行,减少酒店能源的无谓消耗,比如楼宇自控系统可以通过对空调设备的最佳启停时间进行计算和控制,从而在保证舒适的前提下,缩短不必要的空调启停宽容时间,以达到节能的目的;智能建筑中还有其他系统节电节能,比如照明、电梯等可以采用先进的节电技术以获得良好的节电节能效果,还可以在酒店内部实施无纸化办公、环保办公用品的使用等措施,实现内部系统的绿色环保。同时,节能是建设智能酒店的主要目标之一,节省运行和管理费用是智能酒店高效率和高回报率的具体体现。[①]

讨论与作业

1. 讨论阐述酒店节能设备的运用前景。
2. 为实现节能目标,文中酒店建筑应用了哪些节能设备?

案例 4-8

智尚酒店[②]

智尚(Zsmart)酒店是以时尚、科技、健康为主的新概念酒店品牌,与布丁酒店同属于住友酒店集团旗下。酒店由国内知名设计师及数码达人联袂打造,专为年轻、睿智、充满活力的城市商旅者及新体验探索者提供时尚潮流且富有科技感的休息体验。

智尚向来不认为自己只是一个酒店品牌,更希望代表一种时尚个性的生活方式。智尚认为新一代的酒店宾客是"城市移动者",无论是因为商务还是旅游休闲而出行,他

[①] 许超:《浅淡智能酒店的节能与管理》,载于《黑龙江科技信息》2011年第9期。
[②] 智尚酒店官网,http://www.zhotels.cn/zhotel/a/zhotels_about.html。

们都很清楚在酒店里想要什么——时尚的设计、高性价比、舒适感、免费的娱乐和好的地理位置。另外，他们还想掌握灵活的技术，使得房间能根据他们的需求进行个性化的设置。走进智尚的客房，通过房间内的二维码扫描进入 Zontrol 手机客户端，从照明、温度、窗帘控制、无线网络和娱乐中心屏幕，都可以一手掌握。更有趣的是，浴室里 LED 灯光也可以通过手机智能控制，可调节情绪模式灯光，如浪漫、神秘等，在水流的映衬下有种特别奇幻的效果，带来不少惊喜。

智尚的智能化还体现在很多小细节上：酒店走廊的传感器能在 15 厘米以内跟踪到人的足迹，在感应到人来时会自动打开照明系统，在离去时自动关闭；客房里，触手可及的 USB 充电插座，为携带多台数码设备出行的商务休闲人士提供了极大的便利；200 兆无线网络带宽，不仅可以体验高速上网的畅快，同时可以免费网络点播最新娱乐节目。

案例评析

酒店设备智能化是酒店发展的趋势之一。[①] 2018 年 1 月 16 日，旺旺集团旗下的神旺大酒店宣布联手阿里巴巴人工智能实验室共同在上海、台北两地打造智能客房服务。客人入住神旺酒店后，可以通过客房内的天猫精灵，实现语音控制窗帘、灯具、电视等设备，还能通过语音直接呼叫酒店客房相关服务，例如查询早餐时间、呼叫酒店用车以及酒店周边信息查询等功能。随着人们生活方式的改变，智能逐渐成为人们追求高品质生活的一条途径。酒店作为服务"人"的行业，智能设备的引入和使用，必将是走在前面的。时至今日，一些传统酒店的终端式设计已不再能满足用户的一切需求，酒店设备的智能化已经在快速发展，如阿里巴巴打造的客房服务，通过语音操控智能音箱来控制房间里所有的设备。酒店智能化还会走得更远，在大数据时代，酒店的智能系统会收集房客每次入住的相关信息，建立用户数据档案，以此为依据为消费者量身打造个性化住宿服务，确保房客一进门就享受到自己熟悉且喜欢的居住环境。在智能设备的辅助下，酒店的客户服务体验会更上一个台阶。

酒店设备的智能化能提升酒店的服务质量。在这个强调体验感的时代，酒店的作用已经不仅是满足住宿，而变成了满足消费者情感需求的一个场景，智能化是酒店升级用户体验的有效手段之一。在酒店从业者看来，能让酒店提升服务质量、提升运营质量的智能化，才是住客需要的智能化，当然也是酒店需要的智能化。案例中的 Zsmart 智尚酒店，用智能化设备打造酒店特色，通过各种智能设备的使用，从而给人一种新的生活体验。

酒店设备的智能化还能提高酒店运营效率，降低人力成本。

讨论与作业

1. 阐述智能酒店的前景。
2. 智能酒店给人们的生活带来哪些改变？

[①] 《联手旺旺集团打造智能酒店，天猫精灵首次境外商用试水》，中国日报网，2018 年 1 月 16 日，http://caijing.chinadaily.com.cn/2018-01/16/content-35513989.htm。

第五章 酒店安全与卫生管理

本章导读

  安全是宾客在酒店消费的第一需求，必须放在酒店业工作的第一位。人们常说：安全第一，生命至上。可见一家酒店如果不能带给宾客安全感，一定很难取得消费者的认可。酒店安全一般包含人身安全、硬件设施安全、卫生安全、财务安全、个人信息安全等，作为向消费者提供服务的酒店，应首先从安全着手，获得顾客的满意。所以安全卫生问题是酒店赢得消费者认可、酒店实现效益、经营管理能够可持续发展的前提与保证。

第一节 安全管理案例

  现代酒店的安全问题主要表现为五种类型，分别是犯罪（以偷盗为主）、火灾、名誉损失、逃账及其他安全问题。酒店安全管理有复杂性、突发性、广泛性、全过程性、安全性、预防性、政策性等特点，在安全管理过程中，安全设施的配备是做好安全管理工作的物质基础，消防设施、防火通道、隔火装置、烟感装置、监控装置、报警系统等设施的配备是必不可少的，而且必须随时保持良好可用的状态，这样才能为酒店安全管理提供物质基础，预防事故的发生。同时应加强安全教育，充分做好员工安全工作，使全店员工人人关心安全，时时关心安全，以便及时发现事故苗头，及时采取措施从而减少损失。酒店还应建立系统和完善的安全管理制度，例如建立安全生产例会制度、事故隐患排查制度、应急救援预案制度和安全巡查制度等。[1]

案例5-1

两名"变脸大盗"遭遇"贼喊捉贼"[2]

  戴假发墨镜，牵吉娃娃狗，用旅行箱当道具，两男子制作假身份证，冒充顾客化装

---

[1][2] 陈江伟：《现代酒店经营管理实务》，中国人民大学出版社2013年版，第158页。

变脸，12天疯狂作案20余起，盗窃电脑、电视30余台。2012年4月19日，江汉警方将两名"变脸宾馆大盗"张清、沈武刑事拘留。

2012年3月10日下午1时，汉口建设大道双墩附近某宾馆女服务员曹某准备打扫客房，发现8621房和8615房门上挂着请勿打扰的提示牌，曹某敲门，房内也无应声。开门一看，屋里一片狼藉，两房墙上挂的价值万余元的液晶电视机、液晶电脑显示屏、电脑主机等物不翼而飞。警方现场查明，作案嫌疑人为两名以"李忠""万奔"身份证登记入住、戴墨镜的长发男子。

3月11日上午7时，民警通过旅店业信息查询，发现"李忠""万奔"在硚口六角亭一家宾馆露头。民警通过网上摸排比对发现，两男子3月12日以住宿为名，潜入江岸一旅馆，盗得电脑、电视机等价值9000余元物品；当晚，两名男子又窜至汉口火车站附近一宾馆，偷得42英寸液晶电视机3台；3月13日晚，两名男子以假身份证入住武昌一招待所偷走4台电视机、电脑等物品。

民警侦查得知，自3月8日起，江岸、江汉、硚口、武昌、汉阳、青山等武汉三镇多家宾馆、旅店均发生类似盗案，两男子不停"化装变脸"，常戴着假发和墨镜，甚至还牵着吉娃娃狗入住宾馆。

随后，警方对全市宾馆、旅店进行地毯式拉网清查，3月21日，机场派出所民警在一家宾馆内，抓获一名叫黄四毛的小偷，黄四毛说，8天前，他深夜溜进硚口一家宾馆准备行窃时，看见邻房两男子偷得宾馆电视机、电脑准备溜走，欲上前敲诈，两男子给其100元封口费，见他没有回绝，哀求放他们一马，保证终身报答，并留下尾数为"888"的联系电话。

此后，民警每天反复拨打尾数"888"电话，4月17日，"888"终于开了机。但电话那头传来一名老头的问话声，民警灵机回答，谎称是其儿子的朋友，并设法套出老头儿子真名叫张清，家住汉阳动物园一带。

18日下午1时，民警获知张清同好友在汉阳钟家村美食街聚会，民警快速赶至，两便衣悄悄进入一餐馆侦查，发现一胖男子和一秃头男子举杯向围坐5名好友连连敬酒，悄悄对照相片发现胖男子正是张清。附近的民警接到便衣行动信号一拥而进，将张清和秃头男子擒获。

案例评析

本案中的不法分子先以客人的身份入住宾馆，再伺机行窃。盗窃是发生在酒店最普遍、最常见的犯罪行为之一。从酒店发生的各类案件分析，盗窃案件所占的比例最高，且后果也较为严重，不仅造成客人和酒店的财产损失，影响客人在酒店内的正常活动，而且影响酒店的声誉和客源。一般来说，酒店应防范的偷盗目标有：防止外来人员盗窃、防止员工盗窃和防止宾客盗窃。

酒店相关部门必须采取有效措施，预防酒店案件的发生。

1. 加强客房的防盗工作

（1）加强客房钥匙管理，严格钥匙使用制度。例如做好钥匙的交接记录、建立钥匙的保管制度和使用制度等。若服务员发现钥匙丢失要立即报告保安部或主管领导采取处理措施。

(2) 工程部人员进客房维修时,要通知客房服务员,做好登记和记录。

(3) 遇到客人没带钥匙需要服务人员帮忙开门的,要立即通知前台或房务中心,确认房客信息后方可为其开门。

(4) 严格执行清洁房间表格登记制度,清扫房间时严禁非本房间的客人进入,发现客人遗留物要上交。

(5) 处理客人投诉及其丢失物品或钱财事件时要保护现场。

(6) 楼层服务员要有较高的警惕性,注意对可疑人员进行询问或通知安全部,对客人门窗没有关紧的要及时提醒或关闭。

(7) 安全人员要做好巡查,遇到可疑人员要主动盘问,对没有房卡的人员要及时进行劝离,同时监控中心要时刻注意客房楼层的情况,发现问题及时处理。

2. 加强酒店仓库的防盗工作

(1) 任何不相关人员不得随意进入酒店仓库。若因工作需要需进入仓库的人员,必须先办理入仓登记手续,并有仓库人员陪同进入。

(2) 酒店仓库内不准会客,仓管人员不得携带外人进仓参观,不得代私人保管物品等。

3. 完善来访登记制度

4. 加强人员值班,巡逻检查

重点加强电梯、楼层、客房门窗等公共区域的监控与巡视,发现可疑要立即上报并采取措施。

5. 加强酒店员工的安全意识教育,提高员工的防范意识

提高酒店工作人员在日常工作中的警惕性,并具备基本的安保常识,例如为住店客人办理入住手续时,应仔细审查客人的证件,查看证件上照片与来客面貌是否相符、证件是否已过时失效等,或从来访客人或住店人员的言谈举止中发现疑点等。

6. 提高员工素质

加强员工的道德品质教育,提高他们的素质,培养他们遵纪守法的自觉性。招聘员工时要严格把关,防止一些不良分子混入酒店员工的队伍。

讨论与作业

1. 从本案中,我们可以吸取哪些经验教训?
2. 酒店应如何防范盗窃案件的发生?

案例 5-2

就餐时被打伤,餐厅要赔吗?[①]

李某在某餐厅与朋友聚餐,当大家有说有笑时,七、八个人突然闯进包厢,并相互

[①] 《如何认定经营者安全保障义务的范围》,找法网,2009 年 10 月 29 日,http://china.findlaw.cn/xfwq/jingyingzhedeyiwu/bzaqyw/179_2.html#p2。

殴打。混战中，李某也遭到袭击，一只眼睛被击伤。经治疗，李某眼损伤严重，法医鉴定为盲目，属重伤。事发当天，李某到当地派出所报了案，随后又把餐厅推上了被告席。法院受理此案并进行了审理。

在审理过程中，餐厅称：根据《消费者权益保护法》的规定，经营者对提供的服务行为直接造成消费者的人身或财产损害的才承担责任。李某被殴打致伤造成的损失应由侵权者承担。餐厅经营者并非侵权人，对李某身体遭受不明身份人的侵权致伤没有法定和约定的赔偿义务，而且餐厅经营者事前不可能预见餐厅发生客人相互打斗闯进包厢事件，故不应承担赔偿责任。请求法院驳回李某的诉讼请求。由于此事件发生在自己的餐厅，可以给予适当补偿。

而李某认为，餐厅应提供安全的就餐环境给消费者，但由于经营不善，没有保安措施，他人随意进入餐厅打斗，造成其伤害，根据《消费者权益保护法》，餐厅应对其赔偿25万元。法院对此案进行了调解。

律师观点

根据《最高人民法院〈关于审理人身损害赔偿案件适用法律若干问题〉的解释》第六条之规定：从事住宿、餐饮、娱乐等经营活动或者其他社会活动的自然人、法人及其他组织，未尽合理限度范围内的安全保障义务致使他人遭受损害，赔偿权利人请求其承担相应赔偿责任的，法院应予支持。因第三人侵权导致损害结果发生的，由实施侵权行为的第三人承担赔偿责任。保障义务人有过错的，应当在其能够防止或者制止损害的范围内承担相应的补充赔偿责任。安全保障义务人承担责任后，可以向第三人追偿。赔偿权利人起诉安全保障义务人的，应当将第三人作为共同被告，但第三人不能确定的除外。

案例评析

本案中有两种分歧意见，一种意见认为餐厅对其提供的服务行为直接造成消费者的人身或财产损害的才承担赔偿责任，李某的损失应由犯罪分子承担。另一种意见认为餐厅未能为消费者提供安全的就餐环境，应承担赔偿责任。

案例中的李某作为消费者到餐厅用餐，就与餐厅形成了一种消费服务合同，餐厅方理应为消费者提供必要而充分的安全保障。所以本案责任的认定关键是看保障义务人餐厅是否存在过错。如果餐厅在安全方面采取了合理的措施，尽到了合理的谨慎注意义务，比如事发前就提醒顾客小心防范或在"七八个人在店内对李某和朋友实施殴打"时进行劝阻或及时报警等，那么餐厅就不存在过错，至少不承担主要过错。如果餐厅没有尽到合理的谨慎注意义务，那该餐厅就应当承担相应的补充赔偿责任。

餐厅承担责任后可以向直接加害人追偿，而且这种行为是受法律保护的，必要时也可向直接加害人提起民事诉讼。即便如此，相信对于餐厅来说，为这种"躺枪事件"买单也会非常头疼。因为餐厅的第一目的是盈利，而不是处理这些程序复杂、耗时耗力、劳民伤财的官司。所以，作为餐厅经营者，应提前制定意外事件应急措施制度，通过提高服务质量、安全管理,在一定程度上预防和化解这些风险。比如案例中的餐厅,若提前就制定了明确而全面的治安防范制度,在出现打斗事件时快速介入,启动治安事件的应急预案,最大限度地保证消费者的权益,或许李某的伤就可以避免。

"安全保障义务"是指从事住宿、餐饮、娱乐等经营活动或者其他社会活动的自然人、法人或其他组织应尽的合理限度内的使他人免受人身损害的义务。2003年12月29日最高人民法院公布的《关于审理人身损害赔偿案件适用法律若干解释》第六条规定:从事住宿、餐饮、娱乐等经营活动或者其他社会活动的自然人、法人或其他组织,未尽合理限度范围内的安全保障义务致使他人遭受损害,赔偿权利人请求其承担相应赔偿责任的,人民法院应予以支持。因第三人侵权导致损害结果发生的,由实施侵权行为的第三人承担赔偿责任。安全保障义务行为人有过错的,应当在其能够防止或者能够制止的范围内承担相应的补充赔偿责任。[1]

关于对《关于审理人身损害赔偿案件适用法律若干解释》第六条规定中的"合理限度范围之内"要如何理解呢?酒店如何做到"合理限度范围内"的安全保障义务呢?判断标准一般是:安全保障义务人的实际行为是否符合法律、法规、规章或者特定的操作规程的要求,是否属于同类社会活动或者一个诚信善良的从业者应当达到的通常的程度。

讨论与作业

1. 从本案中,我们可以吸取哪些经验教训?
2. 酒店对客人承担法定的安全保障义务,酒店应如何转变观念,把安全管理放到一切工作的首位?

案例5-3

厨房火灾:马虎差点酿大错[2]

一天的服务工作马上就要结束了,厨房各操作点的厨师正在进行最后的收尾工作。灶台打荷岗位的员工小李看了一下手表,离下班还有二十分钟,因为第二天有一位客人预订了一桌"叫花鸡",还没有烤制出来,不如现在就烤出来,"好,马上就干",小李拿起用锡纸包裹好的料包放进了烤箱。时间一分一秒的过去了,"小李,下班了,还不走呀?""等等我,来了,来了。"小李附和着,和同事离开了厨房,烤箱里正在烘烤的食品,小李早已经忘在了九霄云外。随着最后一桌客人的离去,厨房也已经进入了歇业状态,值班领班小张正拿着《歇业检查表》检查厨房设备设施的关闭情况,不时地在检查表上勾勾画画,当他检查到烤箱时,发现烤箱的电源未关,打开烤箱门一看,眼前的情况把小张吓了一跳,料包已经被烤成了焦糊状,正冒着阵阵青烟。小张立即断开电

---

[1] 王大悟、刘耿大:《酒店管理180个案例品系》,中国旅游出版社2007年版,第292页。
[2] 工程部:《酒店消防案例》,职业餐饮网,2011年3月20日,http://www.canyin168.com/glyy/aqgl/fhzd/201103/28927.html。

源,用烤夹将料包夹了出来,立刻一股难闻的焦糊味弥漫在整个厨房。待冷却后,小张在《歇业检查表》做了详细的记录。

案例评析[①]

火灾是威胁酒店的重大灾难,一旦发生,造成的损失不可估量,不仅巨额财物瞬间化为灰烬,人们的生命也不可保障。所谓"消防安全大于天",消防安全工作是酒店安全的一项重大工作内容,酒店必须建立一套完整的预防措施和处理程序,防止火灾事故的发生。

针对火灾事故的预防,酒店应做好如下防范措施:

(1) 对酒店员工进行消防安全知识和技能培训,开展防火宣传教育,制定科学的防火安全制度。

(2) 加强日常消防安全检查,尽量消除火灾隐患。例如酒店内部禁止存放易燃易爆、有毒和腐蚀物品,禁止在大楼内燃放烟花爆竹等。

(3) 做好安全设施的维护管理工作,加强物资仓库防火安全管理,并明确责任人。

(4) 加强厨房防火安全管理:厨房是火源最多的区域,要重点注意,一定要建立专门的厨房防火安全制度。

(5) 酒店公共空间和客房内均要张贴醒目的"温馨提示",提醒顾客注意防火。

火灾事故重在防范,除配备必要的消防设施外,酒店应建立严格的奖惩制度,将责任落实在个人,使酒店全体员工都在本岗位、本部门切实做好火灾预防工作。本案中的小李因自己的一时疏忽差点酿成大祸,亏得小张的认真负责才避免一场大火的发生,本酒店应有针对性地予以奖惩。

针对火灾事故的发生,酒店应做好如下应对措施:

(1) 酒店应当在房间内安装感烟预警设备。当烟的浓度到达一定程度,感烟设备能够及时地进行预警,将房间的情况反馈到酒店的安保部门。那么安保部门就可以立即了解并处理突发状况,将事故控制在最小范围内。

(2) 酒店应当对工作人员进行应急培训,按期对酒店内可能出现的各种灾害进行演练,使员工在事故发生时能够冷静应对。培养员工的警惕性与消防意识,发现问题能及时查看、及时汇报。对于烟感报警等异常情况的房间,服务员应立即查看,紧急时可不必遵循敲门规范。检查结果及时通知监控中心和服务中心。

(3) 酒店应当安装自动报警系统,建立消防监控中心,如有突发状况可以及时通知消防、民警等,大大地减少了在紧急情况下解决事故的时间。

(4) 酒店需要保证消防逃生通道的畅通,并张贴明显醒目的标志,让住客在事故发生时可以迅速逃生。

讨论与作业

1. 从本案中,我们得到了哪些经验?

---

① 陈江伟:《现代酒店经营管理实务》,中国人民大学出版社2013年版。

2. 酒店应如何预防火灾的发生？

案例 5-4

服务员擅自开房门，女客酒店里惨遭杀害谁之过？[①]

受害者洪萍（化名）是广东省怀集县人，生前在南海区一家企业工作，于2001年12月25日在其入住的南海区大沥镇某酒店客房遭受暴徒侵害致死。

（一）案由

根据警方查明，在洪萍遇害前，曾经在大沥镇的某饭店吃饭时认识了当地的无业人员李某，随后，李某等人邀请洪萍到一酒城玩至次日凌晨2时许，其间，李某提出要与洪萍发生"一夜情"，但是被当场拒绝。被洪萍拒绝无聊要求的李某并没有死心，而是在同伴的协助下很快打听到洪萍入住的酒店名称以及房间号码。

2001年12月25日凌晨3时许，李某借口有事让一个熟人开车送至洪萍入住的某酒店，自称是洪萍的朋友，有紧急事情商量，叫客房部服务员打开503房房门，服务员在没有请示洪萍的情况下，为李某开启了503号房门并随即离开。此时，洪萍正处于睡梦之中。

李某进入房间后见洪萍睡在床上，即上前企图与之发生性关系，洪萍惊醒后立即反抗呼叫，并与对方发生厮打。李某依仗自己力气大，强行将洪萍按倒在床上，并用双手卡住她的颈部直到她丧失抵抗能力，后见洪萍还有动静，再次对洪萍卡颈，等其没有反应后，用棉被盖住其头部，对洪萍实施强奸。其间，酒店方没有任何反应。

作案后，李某将房门反锁逃离现场。直到次日早上，酒店方面才发现洪萍遇害。经法医鉴定：洪萍是受钝性暴力阻塞呼吸道致机械性窒息死亡。案发后，李某四处躲避，但最终被缉拿归案。

（二）一审：引用《中华人民共和国消费者权益保护法》索赔败诉

……洪萍的父母将女儿遇害时入住的某酒店告上法院，认为酒店负有保障人身安全、财产安全方面的义务，但是酒店服务员在未进行身份审查的情况下擅自打开503房门，致使犯罪分子李某进入受害者的房间，并导致了悲剧的发生……

南海区人民法院一审认为：……酒店方面虽然管理上存在漏洞，但洪萍的死亡直接是由李某所实施的犯罪行为所致，因此证明洪萍的死亡与入住酒店提供的服务没有因果关系。南海法院驳回洪萍父母的诉讼请求。

（三）终审：酒店有明显过错但不用赔偿

……佛山中院作出终审判决，认为酒店在提供服务的过程中具有明显过错，且该种过错和洪萍的死亡有一定的因果关系。但李某的家属已经赔偿受害者家属经济损失15

[①] 陈明、李海荣：《服务员擅自开房门　女客酒店里惨遭杀害谁之过》，大洋网—广州日报，2004年3月2日，http://www.law-lib.com/fzdt/newshtml/shjw/20040302151535.htm。

万元，受害者家属不能以同一事实再次要求酒店赔偿。

案例评析

1. 案例中服务员的失职之处有

（1）纪律观念差，违规操作酿大祸。本案中受害者到酒店住宿接受服务，酒店负有保障人身安全、财产安全方面的义务。而酒店服务员在未进行身份确认的情况下擅自打开503房门，致使犯罪分子李某进入受害者的房间，并导致了悲剧的发生。如果服务员严格执行酒店的有关规定，开门前确认李某的身份，并向受害人确认，这场灾难完全可以避免。还有就是，打开房门时受害人正在沉睡，房内应该没有任何动静，这时服务员应该有所警觉，至少应该询问一声，遗憾的是，服务员开门之后就离开了。

（2）安全意识淡薄。不但服务员的安全意识淡薄，案例中的酒店也一样。李某从酒店大堂直接来到五楼，前台并没有对其做来客登记就直接为其开了房门。李某杀人之后又原路离开，酒店竟然对此一无所知。另外，李某和受害人在房间内发生了剧烈厮打，必然会有声音发出而酒店却没有任何反应。

（3）缺乏责任心，对客人不够关心。以上种种，归根结底都是酒店方缺乏责任心的表现。

2. 防范措施

服务人员必须本着对酒店、对宾客高度负责的态度，强化规范化操作，强化安全意识，制度严明，不可有麻痹大意、自作主张的思想，否则会使服务工作陷入被动局面。本案中酒店虽最终没有经济损失，名誉损失却必不可少，更因此让受害者失去了性命。

讨论与作业

1. 从本案中我们可以吸取哪些经验教训？
2. 阐述酒店安全管理制度建立的重要性。

第二节　卫生管理案例

酒店卫生不仅关系到酒店的声誉和利益，更是关系宾客的人身安全，是酒店管理过程中必须要重视的重要环节。酒店卫生管理主要要抓好以下几个方面：[①]

一、酒店全体员工的个人卫生

酒店员工要确保没有传染性疾病，上班期间穿戴的服装要保证干净整洁并养成良好的个人卫生习惯等。

---

① 陈江伟：《现代酒店经营管理实务》，中国人民大学出版社2013年版，第163～164页。

二、公共场所的卫生

通常人们习惯把酒店的公共区域范围分为室外公共区域与室内公共区域。室外公共区域又称为外围，它包括外墙、花园、前后门广场及停车场等，室内公共区域可以分为前台区域和后台区域。前台区域是指专供宾客活动而设计的场所，如大厅、休息室、康乐中心、餐厅、舞厅以及客用洗手间等；后台区域则是为酒店员工而划出的工作区域和生活区域，如员工更衣室、员工餐厅、员工活动室、倒班宿舍等。酒店公共区域都应设置严格的卫生标准和管理制度。

三、客房的卫生

酒店客房的卫生清洁是通过客房部员工通过手工完成的，具有很大的不确定性，同时，酒店客房卫生问题近几年呈突发性、群体性的特点，因此，及时发现盲区，制定有效措施，才会减少宾客的风险。

四、餐饮卫生

酒店提供的食品必须是没有受过污染、干净、卫生和富有营养的，酒店相关部门必须做好食品污染的预防工作，保证食品安全。另外，厨房卫生及餐厅卫生管理都必须严格把控。

五、检查监督

酒店要制定严格、正规的检查制度，依据详细的卫生检查标准，适时进行定期或不定期的卫生检查。近年来，酒店行业颇不平静，"毛巾门""床单门""纺织品 pH 值"等卫生问题时有发生，因此做好酒店卫生管理工作刻不容缓。

案例 5-5

全季酒店的"毛巾门"[①]

华住酒店集团是国内第一家多品牌的连锁酒店管理集团，全球酒店 12 强。2010 年 3 月 26 日，"华住酒店集团"的前身"汉庭酒店集团"在纳斯达克成功上市。全季酒店

---

① 五常戴氏：《用洗脸的毛巾擦马桶！酒店里这样的毛巾，你还敢用吗？被拍下视频，全季酒店道歉！》，搜狐网站，2017 年 8 月 26 日，http://www.sohu.com/a/167652822_782029。

是华住旗下的中档酒店品牌。

2017年8月24日上午,一则关于全季酒店济南泉城广场店"保洁员用洗脸毛巾擦马桶"的视频再次引发舆论关注。视频中可以看到,当天下午3点钟左右,酒店一名保洁人员进入8343房间进行打扫清洁。在打扫过程中,这名保洁员随手拿起卫生间内客人使用过的毛巾开始擦拭马桶、水龙头和洗手台,前后擦拭的时间约为5分钟。据视频拍摄者称,这段视频拍摄于2017年8月21日,他在全季酒店济南泉城广场店入住时发现,保洁人员疑似在用洗脸用的毛巾擦拭房间。于是他将拍摄设备置于8343房间的卫生间内进行拍摄,不料记录下了上述一幕。对于拍摄者的反映,该酒店前台工作人员曾表示,酒店卫生间内的毛巾虽然不是一次性的,但都是经过专业的公司进行高温消毒后供客人使用的。而且保洁人员必须经过培训才能上岗,清洁客房有专用的清洁布,有五种颜色分别用于擦拭不同物件,因而不会发生视频中的情况。

当日深夜,全季酒店官方微博发布"关于全季济南泉城广场店违规清洁事件的声明",证实该视频属实,已经对该名员工给予了开除、泉城店店长免职等处罚决定。"经核实,该名员工在卫生清扫时确实存在严重违规行为,该员工也承认违反了全季酒店对卫生清洁规范的流程及要求。在此,我们代表全季酒店,向当事人及社会公众表示深刻的道歉。"对此,"根据相关管理制度规定,全季酒店已经对该名员工给予了开除、泉城店店长免职等处罚决定,全季区域运营经理和负责人以及其他相关管理人员也都分别给予了降级、罚款等处分,并在全季内部就该处罚作了全员通报。"

根据卫生部、商务部于2007年印发的《住宿业卫生规范》,其中第二十一条第四款明确规定:清洗饮具、盆桶、拖鞋的设施应分开,清洁工具应专用,防止交叉传染;第二十二条第三款也明确:清洁客房、卫生间的工具应分开,面盆、浴缸、坐便器、地面、台面等清洁用抹布或清洗刷应分设。

据悉,全季酒店目前已经通告所有门店进行全面自查,对卫生清洁流程及各项规范进行反复重申和再教育。

案例评析

(一)案情分析

被暴露出来的是不幸,没被暴露出来的是危机。目前只是全季酒店当了一次被曝光的对象,但这绝不是一个孤立的个体案例。酒店客房无法像厨房一样公开透明,将操作过程暴露在阳光下,而且一间客房的清扫过程大多数是由一个服务员独立完成,为不打扰顾客,清扫时间又会选择客人不在场的情况下,领班查房又是在清扫完成后进行,因此酒店客房卫生才会存在监管上的盲区。在这种有盲区的情况下,客房打扫的工作人员为加快工作进度,做出一些不符合规定的操作当然会有恃无恐,比如不按酒店规定的流程、标准打扫,对看不见的死角卫生偷工减料,消毒工作应付了事,更有案例中出现的行为等。恒大酒店集团副总经理唐伟良在《南方日报》的报道中表示,"规范的国际及国内酒店集团,对于客房床上用品的每客一换,都是有严格的操作标准要求的,绝不会为了节约洗涤成本而放弃标准"。但在实际工作中,想要严格按标准执行,酒店的监管和员工的培训方面必须到位。比如酒店方的监督采取立体化方式,主管部门监督、用户监督和舆论监督相结合,各取所长,力争做到监督无死角。在员工培训方面加大奖惩力度,强化服务员的卫生质量意识和客房卫生质量标准的认识、加强对员工社会公德心的教育等。

(二)在实际操作中,酒店在客房卫生管理中容易出现的盲区和漏洞[①]

理论和实际往往会相差很多,大多数正规的酒店都会有严格规范的卫生管理准则,但在实际运行操作中,往往会有很多地方不尽人意。比如:

1. 在客房卫生检查环节的疏漏

酒店检查环节判断卫生是否达标,通常只是运用肉眼识别,没有引入科学的检测设备和手段进行检测,导致日常检查中普遍重视宾客看得见的一般清洁工作,而对肉眼无法检测的消毒质量却无能为力。

2. 酒店清洁设备使用不规范

以抹布为例,这是客房清洁最常用的工具,按酒店要求,用途不同使用的抹布应该不同,以及对抹布的清洗标准、流程都会有明确的规定。但在实际工作中,这些要求却全靠服务员的自觉,这才出现了案例中的现象,生生将清洁的过程变成了污染的过程。所以每个酒店的员工培训项目必不可少,特别是酒店客房卫生的培训必须要格外重视,因为酒店一间客房的工作大多都是一位员工独立完成,在缺乏监管的情况下,酒店制定的卫生程序和操作标准,尤其是事后无法肉眼检查的消毒工作的执行和落实,完全依赖于员工的自觉性,这非常考验员工的思想品质和对职业道德的坚守程度。

3. 酒店设备与物品的清洁工作容易不到位

酒店客房内,并不是所有的物品都是每客一换的,比如窗帘、浴帘、沙发、床垫、枕芯等。对这些物品的清洁消毒工作更应该重视,相应的监管制度应规范和明确,监管力度应加强。

4. 重视酒店空气质量的提升

酒店空气质量的提升一般采取的方法有:去除或减少客房内的污染物、酒店客房空调送风排风、开窗通风或稀释空气、使用过滤设备过滤或净化空气等。在提升客房空气质量的过程中,应注意空调管道的定期清理,避免空调管道内堆积大量尘土和细菌;在清扫客房时,应按需开窗通风;在使用过滤设备或消毒设备改善空气质量时,应按规定程序操作,防止走过场。

5. 特殊顾客特殊对待

酒店每天会接待形形色色的顾客,每个顾客的需求也不尽相同。比如对带宠物入住的顾客,很多酒店会选择睁只眼闭只眼,但却无法保证这些宠物是否会污染酒店的设施,或者事后对这些住过宠物的客房没有进行特殊的清洁和消毒措施。

---

① 刘长利:《如何保障酒店客房卫生?》,佰佰安全网,2017年11月25日,https://www.bbaqw.com/kp/4112.htm。

（三）扫除卫生盲区的应对措施[1]

1. 重视员工培训、强化员工的卫生意识和职业道德

为提高客房卫生质量，首先要求服务员有良好的卫生意识和对客房卫生标准的清晰认识，其次员工要有过硬的技能操作。为此必须做好员工的岗前及岗位培训。在意识培养方面，可建立简单可行的"道德信条"和"卫生标准"，并在每次的晨会或周会上不断强化给员工，使得这些规则深入到每个员工的心里，形成一种潜意识。建立积极正面的酒店文化，让每个员工身为酒店人而自豪。

同时，员工在清理房间过程中，及时发现"问题"宾客，报告给酒店管理人员，对使用的设备和设施采取卫生措施，保证住店宾客和未来住店宾客的人身安全。

2. 加大惩罚力度，加重犯错的成本和代价

比如酒店行业协会可以建立黑名单机制，全行业共享黑名单信息。对于那些触碰行业底线的员工，一经发现，即刻加入行业黑名单，永远不能进入服务行业。并且实行上级连带责任等。

3. 完善对员工的奖励机制

作为酒店卫生清扫人员，工作强度大、工资待遇低是普遍现象。提高工资待遇、加大奖励力度，会大大提升员工对工作的积极性和责任感。制定相应的奖励制度，比如对表现优秀的员工进行职位的提升、物质的奖励、荣誉的颁发等。

4. 制定清晰明确的客房卫生质量标准

规范可行的卫生质量制度是确保客房清洁卫生的基础，是对员工行为的规范，也是对员工工作进行考核、监督的依据。此质量标准必须是简单可行的，使得最基层的客房员工均能一目了然，在实际工作中有依可循。

5. 建立严格的检查、监督制度

客房检查一般可分为服务员自查、领班全面检查、酒店管理者抽查和卫生部门的定期检查和抽查几个步骤。严格的逐级检查制度是控制客房卫生质量的有效方法。另外，在肉眼不可查的消毒质量环节，酒店可根据自身实际情况，购买检验设备，采用简单易行的检测手段，严把卫生关。还可设置"宾客意见表"，或设置举报环节，让顾客参与进来，发挥他们的监督作用，酒店方可根据顾客的意见或反应，有针对性的改进，遇到问题，及时跟进落实。

讨论与作业

1. 从本案的经验教训中，我们可以得知，在连锁酒店的卫生管理中该注意哪些方面？
2. 讨论如何重拾人们对酒店客房卫生的信任。

---

[1] 刘长利：《如何保障酒店客房卫生？》，佰佰安全网，2017年11月25日，https://www.bbaqw.com/kp/4112.htm。

案例 5-6

婚宴宾客集体食物中毒 状告酒店要求十倍赔偿[①]

去酒店赴婚宴后，宾客集体食物中毒，为此邓先生夫妇将酒店告上法庭，不仅索赔餐费9.7万元，还提出酒店给予10倍赔偿的要求。深圳宝安区人民法院一审认为，酒店应对该食品安全事故承担责任，判决其不仅应退还餐费9.7万元，还应支付10倍赔偿金97万元。酒店不服提出上诉，16日，此案在深圳市中级人民法院二审开庭。

婚宴35名宾客食物中毒。

根据一审法院审理查明的情况，2014年9月19日晚，邓先生夫妇在位于深圳一家大酒店设婚宴，招待宾客约260人，婚宴餐费9.7万元。多名亲友在婚宴进食后先后感觉不适，共有45名患者在宝安区人民医院就诊。

2014年9月25日15时，宝安区疾病预防控制中心作出《关于深圳市宴都大酒楼饮食有限公司发生细菌性食物中毒的终结报告》，认定35名确诊病例的临床症状符合沙门氏菌引起食物中毒的临床发病特征，在7名患者和当日3名从业人员肛拭子中检测出沙门氏菌，确认本次事件是一起由于沙门氏菌污染引起的细菌性食物中毒。

为此，邓先生夫妇将酒楼所在酒店所属的深圳市某大酒店有限公司、酒楼所属的深圳市某大酒楼饮食有限公司告上法庭，请求法院判令二被告退还邓先生夫妇餐费9.7万元，支付10倍赔偿金97万元。

酒楼上诉称污染源难确定。

宝安法院审理后认为，被告某大酒店是婚宴食品的生产经营者，被告的酒店、酒楼所属公司，均应对此次食品安全事故承担责任。

《中华人民共和国食品安全法》第九十六条第二款规定，生产不符合食品安全标准的食品或者销售明知是不符合食品安全标准的食品，消费者除要求赔偿损失外，还可以向生产者或者销售者要求支付价款10倍的赔偿金。

该院遂作出一审判决：深圳市某大酒店有限公司、深圳市某大酒楼饮食有限公司应向邓先生夫妇退还餐费9.7万元，并支付赔偿金97万元，并支付邓先生夫妇处理事件产生的费用300元。

两被告公司不服一审判决，向深圳中院提出上诉。16日，两公司共同聘请的代理律师出庭应诉。

其代理律师称，病人食用的食物种类繁杂，还包括邓先生夫妇提供的酒水、花生等，污染源难以确定。酒楼的留样菜品、厨房用具中，也没有检测出沙门氏菌，酒楼没有生产不符合食品安全标准的产品。

[①] 戴晓晓：《婚宴宾客集体食物中毒 状告酒店要求十倍赔偿》，南方日报，2015年6月17日，http://news.163.com/15/0617/06/AS9SI4MU00014AED.html。

其还称,在婚宴中接受餐饮服务的260人中,仅35人符合病例定义,占比约13.5%,不应判决全额赔偿婚宴餐饮费。即使菜品在销售、服务、就餐过程中被污染,酒楼也没有明知的主观形态,因此不能适用惩罚性的10倍赔偿。

邓先生夫妇的代理律师则表示,事发当天,在酒楼聚餐的另一家公司人员也发生了食物中毒事件,这说明被污染的食物并非邓先生夫妇婚宴自带食物。

目前,此案正在进一步审理之中。

案例评析[①]

本案中虽双方各执一词,但事实确实是"35名宾客在酒店就餐后被确诊食物中毒",这是不可改变的事实。且不论在这起案件中酒店是否存在过失,单单是"食物中毒"这一事实,再加上事情发生后酒店一味地摘清责任、没有对病人做任何善后安抚工作这一行为,就会对酒店的名誉造成不可挽回的损失。餐饮卫生是餐饮经营的基本保证,消费者来酒店、餐厅就餐,前提就是认为这家店的食物是卫生安全的,是不会损害身体健康的。若都像案例中的宾客,本是去酒店参加婚宴,却最终进了医院,相信再没人敢去这家酒店用餐了。所以,对于酒店提供的食物,从业者一定要足够重视,毕竟食品安全决定了餐饮企业的成败。

1. 在酒店中造成客人食物中毒的原因

(1) 酒店过失:酒店在提供食物时,因疏忽大意或不够重视等原因,提供了被污染的食物,导致客人食用这些食物而发生中毒或引起食源性疾病。

(2) 酒店外部原因:其他食品生产单位向酒店提供半成品、成品食物时,由于各种原因致使食物变质,从而造成顾客食物中毒或食源性疾病。

(3) 客人本身的原因:由于个别客人因自身原因,比如过敏体等,食用酒店提供的正常的食物而引起的不适。对于这种情况,酒店有责任提醒客人注意并尽量避免让客人使用易引起不适的食物。

2. 酒店食物中毒的预防措施

(1) 建立严格的采购制度,在采购环节严格把关,发现有不合格的食品,要立即终止采购,对已经采购回来的不合格食品,要立即处理,不得流向厨房。

(2) 食品的仓储工作一定要做到位,避免在此环节食品被污染。要分类放置食品,做到生熟分开,做好防鼠、防虫、防腐工作,及时清理过期食品。

(3) 对厨房工作人员进行严格的体检,患者或带菌者严禁炊事操作。

(4) 食品加工过程要严格按照程序、工艺加工,杜绝因食用没加工熟的食物而中毒。

(5) 大型宴会要安排专人负责。

(6) 建立有效的监督机制,加强对食品的监督管理。

3. 酒店食物中毒事故处理

(1) 客人食物中毒后,多以恶心、呕吐、腹痛、腹泻等为主要症状,一旦发现有

[①] 陈江伟:《现代酒店经营管理实务》,中国人民大学出版社2013年版,第168页。

人出现上述症状,发现人员应立即报告值班经理,同时立即通知酒店医务室医生对中毒病人紧急救护。

(2) 值班经理和各部门负责人在到达现场后,了解中毒人员身体状况、身份国籍、中毒原因、数量,并将情况上报总经理,由总经理决定是否报警或拨打"120"急救。

(3) 若现象轻微,不需要急救,酒店负责人应立即就近送医院治疗并做好安抚工作,若情况严重,应立即拨打急救电话,若中毒者情况危急,应立即安排专车将中毒病人送到医院抢救治疗,同时通知中毒者单位或家人,并向他们说明情况,协助做好善后工作。

(4) 保安部应第一时间保护现场,清退闲杂人员。餐饮部要对客人所用所有食品取样备检,以确定中毒原因,并通知当地卫生防疫部门。

(5) 大堂经理协助对中毒者私人物品进行登记,并记录事故发生时间、报警时间、救护车到来、离去时间等相关资料。

(6) 由餐饮部负责、保安部协助对中毒事件进行调查,当地卫生防疫部门到达后应予以积极配合,如果怀疑有人投毒,及时上报警方。

(7) 做好事后安抚、赔偿工作。

讨论与作业

1. 从本案中,我们可以得到什么启示?
2. 阐述酒店餐饮卫生管理的重要性。

案例 5-7

知名餐厅承认后厨老鼠爬窜　两门店停业[①]

2017 年 8 月 25 日,据媒体报道,某知名餐厅北京劲松店和太阳宫店两家门店多次发现老鼠爬窜、餐具清洗不到位等严重隐患。其中,劲松店内鼠患严重,有员工将簸箕和餐具一同放入洗碗机内清洗,且洗碗机内累积了厚厚的油污,长期没清理。太阳宫店的洗碗机也存在同样的卫生问题,有员工用餐具漏勺掏下水道。

事后,其官方微博发布致歉声明称,经公司调查,认为媒体报道中披露的问题属实,向各位顾客朋友表示诚挚的歉意。致歉信提到,此事暴露出该餐厅管理出现了问题,公司愿意承担相应的经济责任和法律责任。已经布置在所有门店进行整改,并会后续公开发出整改方案。

8 月 25 日下午 3 时许,新京报记者探访所在劲松店发现,该店已经暂停营业,相关负责人称,对于网上曝光的问题,店内已经开始整顿,具体开业时间待定。其太阳宫店一名工作人员称,下午 4 时许,该店也已暂停营业。

[①] 新京报:《后厨现老鼠爬窜:海底捞两店停业》,新京报网,2017 年 8 月 26 日,http://www.bjnews.com.cn/feature/2017/08/26/455697.html。

接着，其官方微博再次发布通报，称北京劲松店、北京太阳宫店主动停业整改，全面彻查；将聘请第三方公司，对下水道、屋顶等各个卫生死角排查除鼠。

通报还称，将组织所有门店立即排查，避免类似情况发生；主动向政府主管部门汇报事情调查结果及处理建议；积极配合政府部门监管要求，做到明厨亮灶，信息化、可视化，对现有监控设备进行硬件升级，实现网络化监控。

案例评析

餐饮卫生是餐饮经营的基本保证。所谓"民以食为天"，不卫生的食物不仅会影响顾客的健康，严重的话也可能危及整个社会，厨房是生产美食的"基地"，其对卫生条件的要求尤其严格。但案例中的餐厅依然暴出了诸多卫生问题：厨房老鼠乱逛、洗碗机上油污厚厚，更有甚者，员工用餐具漏勺掏下水道。但是此类问题是孤例吗？有关酒店、餐厅的厨房卫生标准都是非常明确和严格的，但真到实际实施的时候，从业者又能坚持完成多少？要想整顿餐饮行业的卫生问题，除了从业者的行业自律，政府监督和市场监督依然必不可少，且要加大监督力度。

1. 依据酒店厨房卫生标准，建立科学严格的执行制度
（1）定期分类，把厨房里必要和非必要的物品区分开。
（2）把必要的物品进行分类，根据使用频率确定放置的方法和位置。
（3）经常打扫，保持厨房清洁。
（4）建立规范化和制度化的标准，确保人人有责。
（5）养成良好的工作习惯，全面提高员工素质。
（6）不断的教育与自我教育，增强自律性。
2. 责任到人，建立奖惩制度
3. 加强员工培训，培养员工良好的职业道德
4. 建立有效的监督制度，做透明厨房，鼓励大众监督

讨论与作业

1. 结合本案，谈谈酒店餐饮卫生管理的重要性。
2. 如何建立有效的监督制度？

第三节 紧急事故的处理案例

建立突发事件应急预案、制定应急措施，是酒店本着对每位客人的生命财产高度负责的精神，给来酒店消费的客人提供一个安全的环境，从而及时有效地应对各类紧急事故的发生。例如制定抢劫案件应急措施、偷盗事件应急措施、客人伤病预死亡的应急措施、停电事故的应急措施以及重大安全事故的应急措施等。应提前指定突发事件应急处理第一负责人，必要时应临时组建应急处理小组。负责人和相关管理人员需熟悉预案的全部内容，具备应急指挥能力。在突发事件发生时，应坚持客人和员工安全至上的原

则，首先最大限度地保护客人和员工及其他相关人员的生命安全，其次应最大限度地保护财产安全，尽量减免或减少损失。①

案例 5 – 8

一起电梯"关人"事件②

晚饭时分，日本客人山本次郎乘车回到下榻的上海某酒店，这是他在上海旅行的最后一天。美丽的上海给他留下了深刻的印象，然而几天的旅行也使他感到有几分疲惫。在回酒店的路上，他就想好回房后痛痛快快地洗个澡，再美美地品尝一顿中国佳肴，为他在上海的旅行画上一个圆满的句号。山本兴冲冲地乘上酒店的 3 号客梯回房。同往常一样，他按了标有 30 层的键，电梯迅速上升。当电梯运行到一半时，意外发生了，电梯停在 15 楼处不动了。山本一愣，他再按 30 键，没反应，山本被"关"在电梯里了。无奈，山本只得按警铃求援。1 分钟、2 分钟……10 分钟过去了，电梯仍然一动不动。山本有点不耐烦了，再按警铃，仍没得到任何回答。无助的山本显得十分紧张，先前的兴致全没了，疲劳感和饥饿感一阵阵袭来，继而又都转化为怒气。大概又过了 10 多分钟，电梯动了一下，门在 15 楼打开了，山本走了出来。这时的山本心中十分不满，在被关的 20 多分钟里，他没有得到店方的任何解释和安慰，出了电梯又无人应接，山本此时愤愤然再乘电梯下楼直奔大堂，在大堂副经理处投诉……

其实，当电梯发生故障后，酒店很快就采取了抢修措施，一刻也没怠慢。电梯值班工小恽得知客人被"关"后，放下刚刚端起的饭碗，马上赶到楼顶电梯机房排除故障，但电梯控制闸失灵，无法操作。小恽赶紧将电梯控制闸的"自动状态"转换到"手动状态"，自己就赶到 15 楼。拉开外门一看，发现电梯却停在 15 楼～16 楼之间，内门无法打开。为了使客人尽快出来，小恽带上工具，爬到电梯轿厢顶上，用手动操作将故障电梯迫降到位，终于将门打开，放出客人。

从发生故障到客人走出电梯共 23 分钟。23 分钟对维修工来说，可能已经是竭尽全力，以最快的速度排除故障，而对客人来说，这 23 分钟则是难熬而漫长的。

案例评析

该案例很好地说明，在酒店工作中，必须加强团队协作，加强酒店内各部门之间的协调和配合，才能既快速处理好突发事件，又照顾到住客的情绪。案例中的维修工小恽其实很委屈，饭也没顾上吃，快速完成了维修工作，却遭到了客人的投诉。究其原因，主要有以下三点：

1. 没有发挥出团队协作的精神

案例中，如果前厅管理人员或公关部人员及时去与客人对话，缓解客人的紧张感

---

① 资料部：《酒店案例 一起电梯关人事件》，职业餐饮网，2006 年 12 月 26 日，http://www.canyin168.com/glyy/kfgl/kfal/200612/3676.html。

② 王大悟、刘耿大：《酒店管理180个案例品析》，中国旅游出版社2007年版，第 280～281 页。

和恐惧感,并通知医护人员做好准备,以防客人受伤以进行紧急救助。负责修理电梯的工程部门与前厅管理人员沟通,相互配合,在修电梯的同时与客人对话沟通,随时通报修理的进程,并适当说一些安慰的话语或者给予客人相应的补偿等。几个部门密切配合,共同处理好这起"电梯关人"事件,才不至于让受惊的客人"愤愤然"而投诉。

2. 没有及时与客人进行沟通

如果在接到电梯故障报警后,酒店能以最快的速度与客人沟通,告诉他:"我们现在正在全力排除故障,请安心等候。"这样客人感到他不是一个人,有维修工在,有医护人员在,还有工作人员在陪着他,他现在处于被人保护的安全环境之中,也就不会因此而生气了,即使依然会害怕,也一般都会谅解。

3. 没有表现出对客人的关心,缺少人情味

案例中各部门都各自为政,工程部小恽工作态度很积极,饭也顾不上吃,跑上跑下排除故障,其操作程序也符合部门的规定,但他就是没想到通过机房的对讲机与客人通话,或安慰,或通报维修进展;前台也一样,通知工程部维修电梯就完事了,没有想到要赶到现场去与客人取得联系,加以安抚。结果就是分内的事情做好了,却得不到客人的谅解。酒店作为服务行业,这种不关心客人感受,缺乏人情味的行为是不应该出现的。

总结案例中的经验,制定酒店电梯事故的应急预案:

(1) 一经发现有人被困电梯,应立即通知工程部,并设法稳定被困人员的情绪。

(2) 救援要在专业技术人员的配合下进行,在不明情况的前提下不可贸然推、拉厢门。

(3) 医护人员做好准备,以便及时检查、救助被困人员。

(4) 前厅人员及时与客人沟通,讲解在电梯内的注意事项,并随时告知维修进度,缓解客人情绪。

(5) 事故解除后,若客人无恙,大堂经理做好善后安抚工作,吩咐医护人员予以检查身体、再次致歉、作相应赔偿;若客人受伤,及时送往医院医治;若客人情况危急,立即拨打急救电话或派专车送往医院抢救,并联系其家人或单位。

(6) 安保人员做好现场保护工作,及时清退闲杂人员。

(7) 救援结束后,对于还未修好的电梯,应在电梯出入口处设置禁用电梯的指示牌,严防次生事故的发生。

(8) 工程部做好对电梯的日常维护保养工作,预防突发事件的发生。

讨论与作业

1. "电梯关人"事故暴露出该酒店在处理应急事故中存在哪些不足?
2. 阐述酒店设备安全管理制度的重要性。

案例 5-9

99 颗安眠药[①]

一日,一位男士和一位女士找到某饭店大堂经理,要求查找一位刘姓女士,男士自称是刘女士的弟弟。大堂经理根据饭店为宾客保密的管理进行处理,先打电话到刘女士的房间,无人接听,遂转告:"宾客房间无人接听。"(未泄漏宾客房号)——执行正常程序。

随后,男士出示一张刘女士的遗书,上面写着:"在离开这个世界的时候,将要入住本市最好的饭店……"前台接待立即通知安全部。——启动应急程序。

安全部接报后,一边接待宾客并安排在隐蔽的大堂酒吧,同时稳定宾客的情绪;一边根据前台提供的刘女士的房号,迅速派人赶赴房间,发现刘女士已处于半昏迷状态(后证实其服用了 99 颗安眠药和一瓶洋酒)。保安人员立即通知其在大堂等候的亲戚赶到现场。同时,通知饭店的值班汽车在地下停车场待命。——执行应急程序。

当亲属赶到现场时,会同保安人员将刘女士通过员工电梯运送到地下停车场,迅速送往医院抢救。房务部人员赶到现场,同保安人员及其亲属对现场物品进行清理,并做好详细的认证登记。随后清理现场。——房务部启动并加入应急程序。

刘女士经抢救脱险。大堂经理到医院送上鲜花,财务部清理宾客账单,将余额返还其亲属。——恢复正常程序。

由于该饭店有应急程序,从刘女士的亲属进入饭店到离店送往医院抢救,从正常程序转为应急程序,整个过程经饭店监控系统记录只用了 23 分钟,赢得了宝贵的时间,避免了严重的后果。

案例评析

1. 本案中刘女士成功获救的主要原因

(1) 刘女士的家人发现及时,找到了该酒店。

(2) 前台接待反应迅速,及时启动了应急程序。

(3) 酒店安全部和房务部配合默契,抢救过程及时、顺畅。

(4) 大堂经理和财务部的善后工作合理亲切,给客人留下良好印象。

2. 针对特殊房客发生意外的预防

(1) 服务人员要善于留意观察,一旦发现客人的言行表情有异常的,要及时前往询问、帮助或照顾。

(2) 对年老病残、醉酒的客人要额外照顾。

(3) 值班人员要加强对客房的巡查,一旦发现客人有不妥之处,要通过电话或直接到房间询问客人的情况。

(4) 如遇紧急状况,要及时报警或采取酒店的紧急预案。

[①] 王大悟、刘耿大:《酒店管理180个案例品析》,中国旅游出版社2007年版,第280~281页。

3. 客人伤病与死亡的处理

（1）客人伤病的处理。

①酒店应具备处理紧急情况的措施，设置胜任急救工作的部门。

若酒店没有专门的医疗室及专业的医护人员，则应选择合适的员工接受基本的急救专业训练，并配备各种急救的设备器材及药品。

②一旦接到报告，值班经理及医护人员应立即前往，了解伤病客人的伤病情况，并现场急救，同时迅速安排病人去附近的医院治疗。

③安排专人陪同伤病客人前往医院治疗，酒店负责人应及时探望和慰问伤病客人，必要时通知其单位或家人。

④若客人的伤病是由于酒店的责任造成的，应及时上报酒店负责人，并与伤病客人协商赔偿事宜。

⑤对客人伤病事件应有详细的原始记录，必要时写出伤病事件报告。

（2）客人死亡的处理。

客人死亡是指客人在酒店内伤病死亡、意外事件死亡、自杀、他杀或其他原因不明的死亡。除前一种属正常死亡外，其他均为非正常死亡。

在接到宾客死亡报告后，酒店应做好以下工作：

①保安部工作人员和值班经理立即赶往现场，同时通知酒店总经理。

②保安部工作人员应保护好现场。对现场的每一件物品都不得挪动，严禁无关人员接近现场。

③保安部工作人员找寻第一发现死亡的证人和报告人，问明客人死亡的地点、时间、原因以及客人身份国籍，做好陈述笔录，上报公安部门和上级领导。

④做好保密工作，以不惊扰其他住店客人。

⑤公安人员到场后，配合公安人员的工作。

⑥妥善处理善后事宜。

⑦在一切事项处理完毕后，保安部要把死亡及处理的全过程，填写事故报告存档。

讨论与作业

1. 讨论从本案中得到的经验。
2. 阐述酒店应急预案的重要性。

案例 5-10

青岛五星级酒店遭遇"恐怖袭击"[①]

2012年1月11日上午10时许，青岛某五星级大酒店突然接到了一个电话。

"喂，是××酒店吗？我在你们酒店里安了个定时炸弹，半个小时之后就要爆炸！"

[①] 陈江伟：《现代酒店经营管理实务》，中国人民大学出版社2013年版，第169页。

说完,电话戛然而止。酒店方面自然不敢怠慢,立刻报警。公安机关派出了100余名警察对酒店内的旅客和工作人员进行疏散,并且关闭了部分酒店营业点。然而,搜寻工作一直持续到15时50分,并没有发现任何炸弹的踪迹。

这到底是谁的恶作剧?正在酒店工作人员和民警忙碌之时,这起"恐怖袭击"的始作俑者,90后小伙柳某却正坐在电脑前和网友分享这次"戏弄"酒店的经历。1月13日,柳某因涉嫌编造恐怖信息罪被刑事拘留,2月7日被逮捕。

案例评析

案例中的小柳因好玩儿"戏弄"酒店,谎称给酒店安了定时炸弹,从而引发大量警力出动,进行人员疏散和炸弹排查,虽然是虚惊一场,但这样的"玩笑"却是"犯罪",小柳最终也得为自己的愚昧行为买单。

1. 在酒店一般发生爆炸的原因

人为蓄意的爆炸案件、电器设备维护或操作不当发生的爆炸

2. 相应的防范措施

(1) 酒店应明文规定并在客人入住时告知客人,严禁将易燃易爆等危险物品带入酒店,如果发现有携带此类危险品的客人,酒店应及时处理,严重的应及时报告公安机关。

(2) 酒店公共区域不得存放任何易燃易爆的危险品,若确实是因工作所需而存放,应制定专门的地方短期存放,且必须制定专人看管并采取必要的安全措施。

(3) 工程部定期检查维修酒店设备,对存在安全隐患的设备设施及时维修或更换。

(4) 酒店公共场所设置24小时值班人员,提高警惕留意观察客人的行为,发现可疑人员或携带可疑物品的客人,要设法跟踪观察并及时上报领导,防止犯罪分子在酒店场所安装爆炸物。

(5) 经常开展安全防范工作的检查督促,发现隐患,及时采取措施补救。

(6) 加强安保人员的巡查力度,制止有安全隐患的各种行为,加强酒店外围区域的监控,防止可疑人员进入酒店区域。

(7) 如有必要,可在公安机关的指导下,制定接听炸弹威胁电话的程序、搜寻工作程序以及发现爆炸物或可疑物后的处理程序等,并培训有关人员。

(8) 制定防爆疏散及现场处理方案,同消防工作结合起来,组织员工进行防爆演习。

此外,当在酒店内发现爆炸物或可疑爆炸物后,应迅速向保安部报告,并立即通知公安机关,保安部接到通知后要立即组织人员部署以爆炸物或可疑爆炸物为中心的警戒线,尽可能保护、控制现场,等待专业防爆人员前来处理爆炸物或可疑爆炸物,切记不可轻易触动物体。当酒店内发生爆炸事件后,要迅速组织人员进行救援,并立即报警。有条件的话及时设置隔离带,封锁和保护现场,并采取有效的措施防止事件蔓延。公安和消防人员到场后,做好配合工作。事故结束以后,酒店应做好一切相关的善后工作,并协助保险公司办理伤者的保险赔偿事宜。最后,酒店应将事故全过程记录在案,上报

有关部门并留档。酒店还要和事故责任方一起认真总结教训，加强安全防范措施，防止悲剧再次上演。

讨论与作业

1. 讨论从本案中得到的经验。
2. 如果酒店真的发生了爆炸事件，酒店该启动怎样的应急预案？

第六章　前厅服务与管理

本章导读

前厅部（front office）是负责销售客房及酒店其他产品，联络和协调酒店各部门的对客服务，并为客人提供前厅服务的综合性部门。前厅部虽然不是酒店的主要营业部门，但却能反映酒店的整体服务质量。前厅部是建立良好宾客关系的重要环节，其工作有利于提高酒店决策的科学性，其服务质量水平对酒店的市场形象、服务质量、管理水平和经济效益都有至关重要的影响。所以前厅部具有以下四个方面的地位：是酒店业务活动的中心；是酒店形象的代表；是酒店管理的参谋和助手；是酒店组织客源、创造经济收入的关键部门。[1]

前厅部是业务活动的中心。其接触面广，全方位直接对客服务；同时包括礼宾部、总台、服务中心、商务中心等。礼宾部包括行李服务、门童服务等，有的酒店礼宾部还包括车队的管理；总台包括接待、问询、收银三大主要业务；服务中心的电话总机在酒店中扮演着不可替代的角色，酒店客人需要的所有服务几乎都可以通过客房内的电话解决，有的酒店的电话总机还扮演着"一键通"的角色，所起的作用愈加重要。

前厅部是酒店形象的代表。前厅部是酒店经营管理的"窗口"，是酒店联系宾客的"桥梁和纽带"，是客人形成第一印象和最后印象的场所，被称作酒店的"神经中枢"。前厅部的服务质量和服务效率直接反映了酒店的管理和服务水平。

前厅部是酒店管理机构的参谋和助手。酒店信息量大、变化快，客人的需求及变化都会反映到前厅部，前厅部在整个对客服务中起着联系酒店和客人的协调作用；前厅部每天进行的酒店营业情况的统计，对酒店的管理决策起到了重要的参考作用，由于数据的支持，也提高了酒店决策的科学性；前厅部客史档案的建立和有效利用，为酒店建立良好的宾客关系、培养忠诚型的顾客起到了至关重要的作用。

同时，前厅部也起到了一定的创收作用。前厅部的创收可以从两个方面来理解：一是前厅部的直接营业部门，如商务中心、车队等；二是前厅部承担了部分销售客房的功

---

[1] 邢夫敏：《现代酒店管理与服务案例》，北京大学出版社2012年版，第1~2页。

能尤其是遇到没有预订直接抵店（walk-in）的客人，对于前厅部来说是绝好的销售客房的机会。

第一节　预订与接待案例

一、前厅预订

1. 客房预订的意义

预订（reservation）指客人在抵店前，要求酒店为其保留客房的预先约定，也称订房。客人提前避免客满无房的风险。对于酒店而言，预订可以帮助酒店更好地提供对客服务，良好的客房预订能够为酒店争取客源，提高客房出租率。同时酒店可以根据预订情况预测今后一段时间内的客源情况，便于酒店对人力、物力、财力等做好计划和安排。①

2. 客房预订的渠道

客房预订的渠道有六种形式：①直接向酒店预订；②通过与酒店签订商务合同的公司预订；③所加入的订房网络预订；④向旅行代理商（旅行社预订）；⑤向航空公司或其他交通运输部门预订；⑥向会议组织机构预订。

3. 客房预订的方式

客房预订的方式多种多样，根据预订客房的类型、数量等具体要求，可以采取电话预订、面谈预订、口头预订、传真预订、网络预订或者信函预订等方式。

4. 客房预订的种类

（1）临时预订。临时预订是指宾客的订房日期与抵店日期非常接近，甚至可能是入住当天才进行预订。一般情况下酒店设有足够的时间给宾客以书面确认，均以口头形式确认。当天的临时性预订通常由总服务台的接待员直接受理，接受此类预订时，应注意询问宾客抵店的时间或所乘航班、车次，并提醒宾客预订将保留至当日 18∶00，以免在用房紧张时引起不必要的纠纷。

（2）确认类预订。确认类预订是指酒店允诺将宾客预订保留至某一事先声明的规定时间。如到了这一规定时间，宾客仍未抵店，也无任何声明，在用房紧张时，酒店可将客房出租给等候名单上的宾客或其他宾客。确认类预订有两种形式，一种是口头确认，另一种是书面确认。书面确认与口头确认相比，前者有以下几个特点：证明酒店方面已正确理解并接受了宾客的预订；确认书不但复述了宾客的订房需求，还写明了房价、保留时间及预付订金的方法等事项。可以说确认书以书面的形式约束了酒店与宾客

---

① 邢夫敏：《现代酒店管理与服务案例》，北京大学出版社 2012 年版，第 4 页。

之间的关系；宾客的个人资料（如姓名、出生年月、工作单位、住址等）得到证实。所以这类宾客具备较高的信用度，绝大多数酒店允许此类宾客在住店期间享受短期、小额的赊账服务。

（3）保证类预订。这类预订是指宾客保证前来住宿，否则将承担经济责任，酒店则必须在任何情况下都保证落实的预订（预订保留至抵店日期的次日结账时间，即次日中午12：00）。此类预订使酒店与未来的住客之间建立了更牢固的关系，并且保护了双方的利益。

5. 超额预订

超额预订就是在酒店订房已满的情况下，再适当地增加订房数量，以弥补客人订房不到、临时取消、提前离店而出现客房闲置的经济损失的订房措施。做好超额预订的关键在于掌握有效的超额预订数量和幅度，避免或最大限度地降低因失误而造成的麻烦。按国际酒店的管理经验，超额预订的百分比可控制在10%～20%之间，超额预订的决策不仅依据管理者的个人经验，而且应来自对市场的预测以及对客情的正确分析。

6. 预订失约行为产生的原因[①]

（1）未能准确掌握可售房的数量。主要表现为：客房预订处与接待处、营销部的沟通不畅；客房预订处与预订中心系统和预订代理处的沟通不良；客房预订处与客房部有关客房状态显示出现差异等。

（2）预订过程中出现差错。具体表现为：姓名拼写错误、日期出错、项目遗漏、存档顺序搞乱、变更及取消处理不当等。

（3）未能真正领会宾客的预订要求。如对前厅术语理解不一致，业务素质不高或因疏忽未能最终落实宾客的预订要求。

（4）部际间沟通协调不畅。饭店内部缺少沟通环境，饭店服务人员缺乏沟通意识和合作精神。

（5）预订员对销售政策缺乏了解。

（6）未能精确统计信息数据及实施超额预订过"度"。具体表现为：过高估计预订未到宾客的用房数；过高估计临时取消宾客的用房数；过高估计提前离店宾客的用房数；过低估计延期住店宾客的用房数等。

7. 预订失约行为的处理[②]

对于在规定时间内抵店的持保证性或确认性预订证明的宾客，由于酒店方面的原因而导致宾客没有房间，按照国际惯例及酒店业常规，可采用如下处理方法：

（1）诚恳解释原因并致歉意，请求宾客谅解。

（2）立即与其他同等级酒店联系，请求援助。若找不到相同等级的酒店，则应安排宾客住档次稍高一点的酒店，高出的房费由本酒店支付。

（3）免费提供交通工具和第一夜房费。

[①②] 陈乃法、吴梅：《饭店前厅客房服务与管理》，高等教育出版社2003年版，第56~57页。

（4）免费提供一至两次长话费或传真费，以使宾客能将临时改变住处的信息告之有关方面。

（5）临时保留宾客的有关信息，便于为宾客提供邮件及查询服务。

（6）征得宾客同意，并做好搬回酒店时的接待工作，如大堂副理或客务关系主任迎接宾客或在客房内放致歉信，赠送鲜花和水果等。

（7）向预订委托人致歉。

（8）向提供援助的酒店致谢。

对于其他预订的宾客而届时无房提供时，则应礼貌地向宾客说明情况，并帮助推荐其入住其他酒店，同时欢迎他第二天在有空房时入住本酒店。

二、前厅接待

前厅接待部是负责为来店客人办理入住手续、离店手续、提供问讯服务的机构，是前厅部实现预期开房率和维护酒店良好声誉最为关键的部门。前厅接待部一般由接待主管、接待领班、接待员等组成。接待部的三大功能是接待、问询和收银，这些也是酒店实现客房销售的必要环节。客房销售是接待部的主要任务之一，该任务完成质量的高低决定着客人对酒店"第一印象"的好坏以及酒店客房等营业收入的高低。

接待工作的好坏直接影响到了酒店的品牌和形象，为了做好接待工作，要求酒店前厅接待部的员工具有较高的素质、较强的沟通能力，并能熟练运用前厅接待部的各类设备设施。接待部员工要准确接待每一位客人，对酒店的常客或者长住客要熟知其喜好与禁忌，为客人提供个性化的优质服务；要熟知酒店及所在城市的相关知识，及时准确地为客人提供问询服务，并能够为客人提供针对性的建议；要做好每天的报表，为酒店的经营决策提供数据支持。前厅接待还有一项重要的工作就是要建立和及时更新补充客史档案，为酒店提供个性化、富有人情味的优质服务提供依据，为市场营销工作、争取并培养回头客提供关键信息，对酒店的经营决策的科学性也很有帮助。客史档案要一客一卡或一团一卡，排列、存放整齐，及时补充新内容，并记录完整。客史档案的内容一般包括常规档案、预订档案、消费档案、习俗爱好档案、反馈意见档案等。客史档案中的内容可以通过登记单、预订单、账单、平时的细心观察、电话回访及征求客人意见表等获取。

案例 6-1

无法确认的预订[①]

8月31日18：00左右，有两位客人满面疲倦地拖着行李箱来到总台准备登记入住。

[①] 邢夫敏：《现代酒店管理与服务案例》，北京大学出版社2012年版，第6~7页。

总台服务员小龚一边接过客人的护照,一边在电脑上查询该客人的订单,但几分钟后小龚并未找到这两位客人的预订信息。客人得知情况后,非常惊讶:"我们是××公司的,公司已经为我们预订好了2个豪华单人间,肯定不会有错,你们再看一下,是不是你们酒店自己搞错了!"

此时,酒店的生意异常火爆,房间已经非常紧张,早已没有客人所需要的这种类型的房间。小龚当即电话联系了该公司的负责人及酒店的营销部经理,但还是不清楚哪个环节出现了问题;这两位客人坚持说公司已经预订了房间,但是酒店又确实没有该公司这两位客人的任何预订信息。

在公司与营销部仍在为预订信息沟通的时候,小龚想到该公司是酒店的重要协议单位,无论怎样,都不能让客人一直这么徒然等着。否则,等待时间过长、无法尽快休息会引起客人不满甚至不必要的投诉。小龚就主动地将酒店所剩无几的暂时也没有预订的其他几个房型推荐给客人,征得客人的同意后,先安排客人入住房间,等到第二天酒店与公司沟通后再变更房型和价格。客人也对此做法很满意,表示明天会与公司联系。

案例评析

在该案例中,总台服务人员做得比较好。从该案例可以看出:

(1) 服务人员要学会换位思考。案例中,总台服务人员小龚充分考虑到了客人经过长时间的旅途劳累,来到异国他乡,身心早已疲惫,只想尽快进入房间休息。在问题一时不能理清的情况下,总台员工首先考虑的是客人的需要,第一时间安排客人入住,没有让客人长时间地在总台停留,体现了总台人员随机应变的能力。

(2) 现代酒店服务需要的是人性化服务。本案例充分体现了这一点。如果小龚在这种情况下坚持要公司的订单才能为客人安排房间的话,就可能出现以下问题:客人由于长时间的等待而引起不必要的投诉;公司会认为酒店是他们长期的合作伙伴,如果公司的客户来到酒店都无法安排,是不是该考虑换一家酒店了,这或许会使酒店失去一家原本很忠诚的公司客户。

(3) 未确认预订而安排客人入住时注意的问题。在未能确认客人预订时安排客人入住,需要注意:一定要确认安排的客房是没有其他人预订的;向客人说明相关情况以避免不必要的麻烦;酒店和公司应积极沟通,做好后续跟进工作。

讨论与作业

1. 预订工作中预订员应注意哪些问题?
2. 一旦预订信息有误,作为酒店一方该怎么处理?

案例6-2

VIP接待的遗憾[①]

11月3日,酒店的一位VIP——某公司董事长要入住某酒店。前厅部为该VIP安排

---

① 邢夫敏:《现代酒店管理与服务案例》,北京大学出版社2012年版,第16~17页。

了酒店最豪华的行政套间，客房部准备了美丽的鲜花及精美的水果，并对房间的设施设备进行了全面检查。

当晚，客人抵达酒店，当他接过大堂副理送上的鲜花时，感到非常惊喜，对酒店的服务赞不绝口。看到这种情况，酒店全体接待人员也为完成这次接待任务而松了一口气。可谁知没过多久，客人进房后反映吹风机上的110V插座不能取电，客房部和工程部立即进行了检查，查看后发现是零件坏了，需要申购后才能更换，暂时无法修复，最快也要等到第二天。因为该VIP是日本客人，他所有的电子产品都是110V电压的，如果延迟修复会给他带来诸多不便。大堂副理得知此事后立即前往房间代表酒店向客人表示歉意，同时安排客房中心将电吹风和电源转换器送至房间供客人使用。这样客人就可以正常使用自己携带的电器了，房间的插座待次日修复。客人对此处理结果表示满意。

案例评析

在本案例中，由于VIP客房吹风机上的110V插座存在不能取电，而酒店一方又无法马上修复的问题，给VIP客人带来了困扰，幸好大堂副理第一时间致歉，并及时将电吹风和电源转换器送至客人房间，满足了客人的需求，避免了客人的再次投诉，大堂副理处理问题比较及时得当。但通过这个案例，酒店管理者应该注意以下问题：

（1）VIP接待无小事，一定要严格细致，层层把关。VIP客人的信息资料酒店往往掌握的非常多，所以在客人抵店前的准备工作乃至住店期间的服务我们本可以做得更为充分和到位。而在本案例中很明显大堂副理在查房时准备工作不够全面细致，遗漏了日本客人吹风机的电压问题，如果工作中更仔细一些，当时通知工程部人员测试一下电压是否正常，就会发现并解决问题，也就不会留下此次VIP接待的遗憾了。

（2）针对不同客人提供更加个性化的服务。该案例中酒店恰恰就是没有注意到日本客人电源方面的特殊需求而忽略了检查，以致出现了问题，可能很多酒店的服务流程中关于检查客房的项目流程里并不包括电源插座的检查，所以例行检查出现了纰漏。但是每一位客人都是不同的个体，有不同的服务诉求，酒店服务者在工作中应注意不同客人的特殊需求从而提供针对性的服务，这样才能使每一位客人认同酒店的服务，找到家外之家的感觉，酒店也才能吸引更多的客人。

讨论与作业

1. 对于VIP客人前厅接待应做好哪些工作？
2. 如何为团队入住客人办理登记手续？

第二节　礼宾服务案例

礼宾部（concierge）隶属前厅部，亦为房务部的一部分。他们通常是旅客真正第一次面对面接触的酒店人员，在礼宾部工作的都属于前线人员，而他们经常都作为该部门与外界互动的沟通桥梁，对宾客第一印象和最后印象的形成起着重要的作用。

礼宾服务是现代饭店对客服务中的一种新概念，服务涉及宾客的方方面面，几乎贯穿了整个酒店，包括送收行李、开关车门、保存行李、开门服务、收发各类邮件、代客寄信、咨询服务、轮椅服务、电梯服务、找寻服务、婴儿车服务、旅游服务、外出服务等。

礼宾部一般下设迎宾员、行李员、机场代表、委托代办等岗位，要求礼宾部员工按照服务程序标准化的要求进行操作，突出宾客应享受的礼宾待遇。

案例 6-3

总台忘了转交客人的礼物[①]

胡先生是台湾某公司驻青岛办事处的主任。该公司办事处设在青岛某四星级酒店的五楼，胡先生本人也常常住在酒店。

某天，胡先生急匆匆地来到总台 CONCIERGE（委托代办）柜台，将一盒包装漂亮的礼物交给总台接待员，请她转交给次日将要从台湾来青岛并入住该酒店的方小姐。胡先生一再强调一定要在第二天送出，因为明天是他的女朋友方小姐的生日，而他因为有一笔生意要去美国谈判，不能陪她了。总台接待员乐乐是刚从学校毕业的实习生，她第一次看到这么漂亮的礼物包装盒，觉得很新鲜，一边随口答应着客人，一边反复观看。胡先生走了以后，乐乐还将礼物一一传给同事看。等下班的时候，她不仅忘了与下个班次的服务员办理委托转交手续，也忘了在交班本上做记录并交接给下一班，甚至连礼物在哪儿都忘了。

次日，方小姐如期到达。听说胡先生去了美国，既没有在生日这天陪她，也不见留下什么礼物，生着闷气去了房间。晚上，胡先生谈完生意，从美国打来电话祝方小姐生日快乐，并问方小姐是否喜欢他的礼物。方小姐正生他的气呢，一听到礼物，更来气了，叫胡先生不用再编造谎言了，她根本就没有收到过礼物。胡先生解释自己的确准备了礼物并委托总台转交，请方小姐再去总台核实，并且要求总台立即归还礼物。此时总台当班的是领班小童，他既没有从交班本上得知这件事，也未曾见过什么礼物，当事人乐乐又不在，小童该怎么办呢？

案例评析

在此案例中酒店总台接待员乐乐没有严格按照委托代办的操作流程进行操作，酒店一方犯有明显错误，因而接班的小童应首先安抚客人，马上联系乐乐，问清胡先生委托转交礼物的下落，及时找到送给客人并致歉，必要时还可在此基础上再做些弥补工作，客人或将接受酒店的致歉从而避免了一次更进一步的投诉。纵观本案例，关于委托代办这样的礼宾服务，酒店在转交物品时一定要做到以下几点：

（1）委托代办单一定要按照程序进行填写。接受客人委托转交的物品，一定要严

[①] 吴军卫：《前厅疑难案例解析》，旅游教育出版社 2000 年版，第 139~141 页。

格检查，首先接受转交的物品应该是合法物品，不能是易爆易燃有毒有害的危险物品，其次在一式两份的委托代办单上一定注明委托者的姓名、地址、电话等信息，以便联系，同时转交物品的名称和件数也要标注清楚。而本案例中接待员乐乐不仅疏于填写相关信息，还将礼物一一传给同事看，这样做很容易导致物品的丢失或损坏，非常不符合工作程序标准。

（2）酒店应建立完善的交接班制度。本案例中接待员乐乐不仅忘了与下个班次的小童办理委托转交手续，也忘了在交班本上做记录，导致客人索要礼物时下一个班次的小童还茫然不知。这说明酒店在交接班制度上存在漏洞。

（3）注意加强对员工礼宾服务的培训。总台的委托代办服务是酒店礼宾服务的重要内容，反映了酒店服务质量和水平，对酒店的形象树立至关重要。本案例中不管接待员乐乐是否是实习生，她处在这个岗位上就代表了酒店的形象，显然乐乐的服务很不规范，所以酒店应加强相关培训，从而提升酒店服务质量。

讨论与作业

1. 本例中委托代办服务出现的问题有哪些？
2. 委托代办服务的宗旨是什么？

案例6-4

是你扯断我的背包[1]

4月20日中午12点，陈先生拖着行李箱来到行知大酒店总台，"服务员，麻烦你帮我结账，我要退房。""好的，请稍等。"服务员立即打电话到客房服务中心，"305房间，陈先生要退房，麻烦查房。"这时，陈先生突然想起自己还有一个背包没拿下来，马上对服务员说："麻烦叫行李员帮我把背包拿下来。"服务员有礼貌地说："好的。"她又打电话到礼宾台请行李员到305房间取背包到前台。行李员拿着背包迅速来到总台。陈先生接过背包，突然发现背包的一条背带断了，很不悦地说："我背包的背带被你扯断了，叫我怎么拿啊？"行李员听罢很是吃惊，急忙说道："我到客房取背包的时候，它就已经是断的，不是我拉断的。"行李员感觉到很委屈。陈先生更是火冒三丈："是你扯断的，还不承认，我要投诉。"这时大堂副理闻声赶来，先向陈先生问好，然后将陈先生带到休息室，给他泡了杯茶，耐心地听陈先生的投诉，又仔细地看了背带的断裂痕迹，悄悄地问行李员取背包的过程。大堂副理对客人说："陈先生，对不起，我代表酒店向您道歉，这事我们酒店负责，请问您想怎么办？我们尽力为您办到。"听了这话，陈先生心想："大堂副理的态度很好，背带断了算是小事，也花不了多少钱，就不必小题大做了。"正想说什么的时候，大堂副理又说："陈先生，我们马上去拿一个酒店的礼品袋来装您背包里的物品，同时谢谢您让我们及时发现服务工作中的差错，这

---

[1] 沈燕增：《酒店经典案例与分析》，中国人民大学出版社2014年版，第19~20页。

有助于提高我们的服务水平。"陈先生被大堂副理说得不知该如何开口,大堂副理抓住时机,和行李员一起将陈先生送上了出租车,并与陈先生握手告别。

案例评析

本案例中的行李员没有正确履行搬运行李的规程,发现背包的背带断了应事先提醒,或通过电话告知总台,或向领班汇报,或交给客人时向客人说明。

大堂副理处事方法是很明智的,在还没有弄清事情真相时,同时他果断地向客人道歉并表示酒店愿意承担责任,把"对"让给客人,把"错"留给自己,让客人感到他的真诚,缓和了气氛;同时他又想办法为客人解决问题,如拿礼品袋给客人装东西,虽然事小,但有助于问题的解决。此外,他善于抓住时机,没有留给客人思考的空间,和行李员一起把客人送上出租车,最终以握手告别的方式结束了此次争论。

行李服务不仅体现在客人离店时,在为抵店客人提供行李服务时,也应特别注意:

首先,行李员在车停稳、客人下车后,征得客人同意的情况下,将客人的行李迅速卸下,整齐码放在行李车上。码放行李车要轻拿轻放,要注意将体积大、分量重、不怕压的行李放在下面,小件、软件、轻件放在上面。

其次,一定要清点行李件数并与客人确认,系好行李牌,同时查看行李有无破损,如有破损,必须请客人签字确认以防引起日后投诉。

最后,客人办理住宿登记手续时,行李员要站在离前台约2米以外的地方等待并照看好客人的行李,待客人办完住宿登记手续后行李员将房间号码记录在已拴好的行李牌上,然后再去引领客人去客房。

讨论与作业

1. 如何做好团队入店以及离店的行李服务?
2. 行李员的素质要求有哪些?

第三节 客房分配及换房案例

一、客房分配

为客人安排合适的房间是前厅服务的重要环节。客房安排的合理与否不但会影响客人的满意度,也会给酒店管理工作的方便性带来一定的影响。因此,负责排房的人员须掌握排房的次序、原则和技巧。[①]

1. 客房分配的次序

一般来说,客房的分配按下列次序进行:

---

① 邢夫敏:《现代酒店管理与服务案例》,北京大学出版社2012年版,第24页。

（1）团体客人。

团队客人因为有共同的目标，他们之间内联系很多，所以需要集中排房，以方便团队的活动和酒店的管理；此外，团队离店后，大量的房间可以安排给下一个团队，集中排房便于管理，也有利于提高住房率；由于散客怕干扰，也不愿意与团队客人住在一起，因此团队客人的房间要提前排好或者预先保留。根据团队的重要程度，在排房时又可按政府官员团队、豪华团队、标准团队、经济团队的顺序依次进行。

（2）VIP。

酒店排房时应尽量满足VIP的需要，这部分客人之所以是贵宾，必定对酒店的经营管理带来了很大的影响，或者给酒店带来了帮助和收益。

（3）有特殊要求的客人。

酒店应以人为本，客人既然提出了特殊要求，就必定有其提出特殊要求的原因，在能满足的情况下尽量满足，客人会有被尊重、被重视的感觉，酒店很可能因此而使这部分客人成为其较为稳定的客源，而且会形成很好的口碑效应。

（4）预订的客人。

预订的客人在抵店之前之所以进行预订，除了避免客满的风险外，很大程度上也是因为对客房有要求，所以也要做好排房工作。可以根据预订的类型，按保证类预订客人、确认类预订客人、临时预订客人的顺序排房，也可以按常客、长住客、一般客人的顺序排房。

（5）未经预订直接抵店的客人。

因为未经预订，所以等客人抵达酒店时根据当时的实际情况随机排房。

2. 客房分配的原则

在掌握了客房分配次序的基础上，还需要掌握客房分配的一般原则，具体如下。

（1）检查3天的客房预测或参加预测会议。

负责分配房间的人要非常了解酒店3天的预测情况：3天前需要分一些特殊房间，如客人要求的相邻的房间、连通房、重要客人与会员客人的房间以及比较特殊的套房，这样可以避免客人要求的客房已经售出；了解3天之内都有哪些团队要到，房间数是多少，会不会和现住的团队房间发生冲突。有些酒店为了加强沟通，在酒店客房非常紧张的情况下，由销售部负责召开预测会议，把酒店客房预测情况通报给每一个部门，有任何问题都可以在预测会议上提出来，大家一起商量沟通解决。

（2）尽量满足客人要求的原则。

首先，对于在预订中对客房有要求或者入住时对客房有特殊要求的客人，应该尽量满足，做到让客人满意。其次，要注意对客史档案的有效利用，要依据客史档案所记载的客人的喜好，尽量安排客人习惯的房间，如向阳的房间、高楼层或低楼层的房间、安静的房间、靠近电梯的房间、湖景房或者海景房等。

（3）掌握需要集中排房的情况。

同一团体尽量安排在同一楼层；一起来的客人安排在相邻房间；离店日期相近的客

人集中排房（客人离店时有利于服务人员快速查房，客人离店后如果团队来可以集中排房）；长包房安排在同一楼层（便于管理和做清洁卫生工作）；淡季尽量集中排房（便于客房的清洁和维护保养，让客人有温馨和安全的感觉，还可以有营业状况良好的效果）。

（4）掌握需要安排在电梯口的情况。

团体客人的领队、导游的房间安排在电梯口（客人进出电梯、上下楼时都会路过，便于为客人更好地提供服务，也便于领队、导游与酒店团队联络员的联系），会议组织者（即会务组）的房间安排在电梯口（方便会议的组织、联络和服务），行动不方便的客人入住尽量安排在楼梯口附近（主要是从安全的角度考虑）。

（5）把握特殊情况的排房原则。

不同国家的客人尽量安排在不同楼层；新婚房安排在楼层底端僻静处；注意不同国家对房号的忌讳（西方人忌"13"，港澳以及我国沿海其他地区的客人忌"4""14"）。此外，应该能够根据客人的类型安排合适的房间，如位置好的房间安排给高房价的客人和VIP，位置一般的房间安排给对房间无特殊要求的客人和长期的协议客户。

3. 客房分配的技巧

在掌握了分房的次序和分房的原则以后，在具体排房时，尤其是团队排房的时候还存在一些具体的技巧问题。

（1）团队接待房间位置的确定。

在团队的接待中，会务房间、领队、全陪或者地陪的房间应该安排在电梯口附近，主要的目的是方便为团队客人提供周到、及时、满意的服务。

（2）同类客房中较好房间的确定。

同类客房中较好房间的确定要通过"三看"来完成。

首先，要看朝向。一般情况下，南面向阳的房间优于北面背阴的房间，尤其是冬天，南面的房间会更有温暖舒适的感觉，所以在房型相同的情况下，南面的房间好。

其次，要看房间外面的景致。如果北面的房间外边的自然景色优美宜人，南面的房间外边是车水马龙，这种情况下多是景色宜人的房间（山景房或者湖景房）要优于市景房。

最后，要看客人的类型。如果是观光客人或者商务客人，他们待在酒店里的时间基本都是晚上，这时则要着重看晚上的景色。往往在白天自然景色宜人的房间到了晚上却是漆黑一片，车水马龙的市景则因灯光的衬托而更具魅力。现在酒店的设施都比较高档，都是双层玻璃，隔音效果极佳，所以此时市景房更具优势。

（3）团队中重要客人房间的确定。

在较好房间确定后，团队中重要的客人是安排在电梯口，还是安排在最里端，还是安排在楼层中间的客房呢？一般来说，考虑更多的是安静问题。电梯口相对来说过于嘈杂，最里端的房间最佳。如果团队对房间的分配方法提出要求或者团队要求拿到所有的房号后自己分房，则要尊重团队客人的意见；如果团队客房的分配方法与一般原则有较大的出入，则可以在适当的时机为团队提供建议，最终仍由团队客人自己做出决定。为了提高总台的工作效率和服务热情，建立房间控制中心已经成为一种趋势，这样可以把总台很多的工作移至后台操作，减少对总台服务的影响。有的酒店为了提高客房分配的效率，专门设置了房间控制员的职位。

二、换房

客人入住酒店之后，可能会涉及换房。换房的原因可能是客人方面的原因，如客人希望和自己的朋友住得比较近、客人想换更大的或者视线更好的房间等；也可能是酒店方面的原因，如入住时未能满足客人的要求，现在有更合适的房间了，酒店为了给会议或者团队客人集中排房，酒店客房的设备设施出现了问题等。无论是客人的原因还是酒店的服务，在换房时都要按照标准的服务程序进行操作，表示出对客人的尊敬、提供高效的服务并保持对客人无微不至地照顾。[①]

换房时要遵循以下顺序：首先要与客人充分沟通，解释说明原因，根据客人的要求或酒店的需要介绍被调换房间的情况，有必要时请客人先到要换的新房间察看，然后协商换房时间填写客房房间变更通知单并发送至有关部门；重新配制钥匙及时变更客房状况把换房的情况记入客史档案。

案例 6-5

前台派重房[②]

某日晚近 11 时，常来北京从事商务活动的李先生疲惫不堪地乘车从机场赶到酒店。由于次日将有一个非常重要的商务谈判需要尽早休息，他催促前台接待员迅速办理完了入住手续，拿着房卡和房间磁卡钥匙在行李员的指导下来到楼层。当李先生用钥匙打开房门时却十分惊讶地发现分配给他的房间已有一对夫妇在休息。为客人提包的行李员凭经验判断这是一起派重房，意识到问题的严重性，他在向客人深表歉意后立即将事故汇报给大堂副理。大堂副理迅速赶到楼层，采取措施安顿了疲劳且气愤的李先生，并安抚了受到惊吓的夫妇，用诚恳的态度和积极的行动化解了由于前台员工操作失误带来的恶劣影响。

思考并回答：
1. 哪些因素会造成派重房？
2. 大堂副理应采取哪些补救措施？
3. 如何避免此类事故的发生？

---

① 邢夫敏：《现代酒店管理与服务案例》，北京大学出版社 2012 年版，第 30 页。
② 李任芷：《旅游饭店经营管理服务案例》，中华工商联合出版社 2000 年版，第 145～147 页。

案例评析

由于各个酒店所使用的设施设备差异很大,造成派重房的原因也不同,归纳起来有以下两个方面:

(1) 在纯手工进行接待操作且使用机械门锁系统的饭店,若前厅和客房两个部门不能有效地控制和核对房态,前台不能及时调换房间状态显示标志会发生派重房现象。

(2) 在前台电脑系统与磁卡门锁系统因制式不同不能连通使用的房间,易发生此类情况;但前台电脑系统和磁卡门锁系统可以兼容,但前台人员忽略制卡机的提示或键盘操作失误,也会发生此种现象。

大堂副理应迅速赶到现场,在向双方客人诚恳表示歉意的同时要简要说明员工操作失误的缘由来寻求客人的理解。然后在前台的协助下为刚到的客人重新选换合适的房间,安抚被打扰的原住客,保证他们的住宿安全及不会再被惊扰,同时更换新的磁卡钥匙。另外,进一步主动服务使客人感到饭店的关怀和诚意,如征求刚到的客人是否需要次日的叫醒服务,早餐及会议服务是否需要安排,客人的交通工具是否需要饭店协调解决等;对心有余悸的夫妇见机征求是否需要在方便之时调换房间,还要送上深表歉意的饭店礼物(如鲜花、果篮等)来慰问客人。最后,若客人还有其他方面的要求,需在次日上报协调解决。

现将高发的派重房原因和对策提供如下:

(1) 前厅和客房两个部门在一天中的上午、下午和晚上至少3次核对房态,房态的转换要及时无误。对于有客人入住且无行李或轻便行李、对于房态报表中显示空房而实际有客人入住的情况要及时填写在《房态差异报告》上,通过指定人员依据资料迅速解决。

(2) 前台员工在为客人选派房间后,应先将已售出房在电脑中由空房转入住,然后再依程序将房卡和钥匙发放给客人。尤其在客人入住高峰时,更要坚持这一程序。行李员在引导客人进房前,应主动为客人开启房门,这样即可示范客人如何准确使用房间钥匙,又可在发生此类现象时更灵活主动、得体地处理突发事件。

(3) 前台员工在预分配房时,各种表单上的房号要书写清晰,电脑中占用房号与表单和房卡上的号码要复核一致。尤其在团体入住前的准备过程中,要分清房类和房数,避免房号漏配和制卡操作失误的派重现象。在当日入住和离店房数较大时,原则上不预派将离房,在确认客人已结账离店、房间已得到及时清洁和房态得到转换后再配对房间,做到万无一失。

(4) 在前台做夜审而暂时停机前要打印空房报表,以备此时来客的房间选派。分派好的房间要及时在空房报表中划掉以避免误派现象的发生。

(5) 客人在结账退房时,收银处要及时收回客人手中的房卡及房间钥匙,以免客人持钥匙又回原房间消费和使用客房。

讨论与作业

1. 正确进行客房分配的前提是什么?

2. 双重卖房现象是如何发生的？一旦发生酒店一方该如何处理？

案例6-6

换房风波[①]

一个风雨交加的深夜，杨先生拖着疲惫不堪的身体住进某酒店的1712房。由于房间窗户渗水，杨先生被调换到了1709房。而当杨先生急匆匆洗完澡，才发现淋浴房地漏堵塞下不了水，空气中弥漫着异味。外面下着雨，空气本就潮湿，室内又水汽不退，杨先生心情糟糕透了。本想再换个房间，但考虑到极为困乏，就睡下了。

次日早晨，杨先生到餐厅用早餐，被门口的迎宾员告知他持的1709房卡有问题，因电脑查的1709房是"已离店"状态，所以早餐须另行收费。杨先生听后非常生气，立即向现场管理人员提出投诉，餐厅主管当即到总台证实1709房确为住客房。经过一番折腾，杨先生才用上免费早餐。

大堂副理知道此事后，派送致歉水果与致歉卡进房，但客人仍表示不满，致电大堂副理要求当面给其一个解释。

大堂副理至总台询问1709房为何显示离店状态，后确认是总台换房出卡时操作失误所致。当大堂副理与杨先生沟通时，客人说本来就因酒店房间窗户渗水、淋浴房地面积水，已产生不好印象，加上今天用早餐时遭遇尴尬和麻烦，其糟糕心情实在难以平复，同时表示今天要退房改住其他酒店。好在大堂副理有一定的处置权，立即告知杨先生可给其升级入住高级套房，免去多出的房费；同时得知杨先生很喜欢酒店房间价值不菲的陶瓷茶具，立即请示总经理后赠送其一套。

杨先生对酒店的处理表示满意，一场换房引起的风波终于平息了。

案例评析

本案中杨先生自住进酒店后就"历经坎坷"，先是住进窗户渗进雨水的房间，换房后又遇上淋浴房地面积水，当他拿着房卡去吃免费早餐时又因"被退房"而遭遇尴尬和麻烦，难免引发牢骚。酒店最终以给杨先生升级换房、房费优惠和赠送一套茶具的代价才平息此风波。

回顾整个事件的过程，这次风波实际上不应该发生。如果客房部发现房间存在问题须报修，总台就不可能开出这两个房间，也不会有后面一连串事情发生；如果总台给杨先生换房操作无误，也不至于"被退房"而引发客人投诉。

本案例告诉我们，酒店服务与管理的成功离不开：细节，细节，还是细节；检查，检查，还是检查。同时还告诉我们，如果没有认真和严谨的工作态度，服务必将出错，还将因此而给酒店带来经济与声誉上的损失。换房时应严格按照服务程序标准操作：弄清或解释换房原因；介绍准备调换的客房情况，确定换房的具体时间（原则上不安排在

[①] 陈文生：《酒店管理经典案例》，福建人民出版社2017年版，第34~36页。

上午）；填写换房通知单，送往有关部门；更改、修订其原始资料；将换房信息记录在客史档案中；若不能马上满足宾客的换房要求，则应向宾客说明情况，请求谅解，并做好记录。一旦有空房，则按照宾客提出换房的先后顺序予以满足；若属于酒店原因，应向宾客致歉，耐心做好解释工作，求得宾客的谅解与合作。必要时，可以让宾客在原价的基础上享受稍高规格的客房。

当然，本案也有值得称道的地方，大堂副理及时介入了解情况，并及时与当事客人沟通，同时使用了一定对客服务处置权，这对平息风波都起到了应有作用。

讨论与作业

1. 客人换房的原因有哪些？
2. 换房过程中要注意哪些问题？

第四节　遗失物品处理案例

在酒店工作中，往往会发现客人遗留下来的物品，一般可以分为遗失物品和遗弃物品两类。遗失物品是客人不小心落在了客房或者遗失在酒店的其他位置；遗弃物品是客人故意放在酒店不想再要的物品。一般遗失物品比较贵重或者比较有意义，遗弃物品多是一些不太贵重的小物件，酒店在处理遗失物品时需要注意以下问题：（1）客人离房后，服务员应立即进行检查，如果发现有客人遗留的物品，应马上通知总台；（2）如果客人已离酒店，将遗留品登记在失物招领登记本上，并写明客人的姓名、房号、物品名称，还要写上拾获人的姓名，然后交由领班送至酒店遗留物品招领处保管；（3）失物一般保存半年，过期将认领单和失物一齐上交处理；（4）客人来信或来电索取遗失物品时，应办理认领手续，在认领时，应请客人签收如遇客人不能前来，也可由总台经熟人代为签收；（5）在酒店范围内所有区域拾获的物品均须上交。[①]

案例6-7

客人的钱包落在房间了[②]

某天上午，大堂经理小高正在值班，一位女客人急匆匆跑过来说："小姐，我的钱包落在你们的客房里了。我昨天住在1055房间，今天早上退的房。昨天我将钱包随手放在了写字台上。晚上，我出去跳舞，抽了一叠钱，记得钱包里只有1张100元的钞票了。钱不多，但我的身份证等都在里面，丢了很麻烦，所以请你务必帮我找到。""如果钱包确实在我们酒店的客房，那么一定会找到，请你放心。"小高说完，立即打电话

[①] 邢夫敏：《现代酒店管理与服务案例》，北京大学出版社2012年版，第31~32页。
[②] 吴军卫：《前厅疑难案例解析》，旅游教育出版社2000年版，第132~134页。

通知客房中心。

5分钟后，客房部楼层主管小梁打电话下来说，这个房间已经打扫过了，询问打扫卫生的两名服务员，他们都说没有看到过有钱包。小梁建议大堂经理陪同客人一起到房间里再次查询，客人也希望能再到房间里看一看，小高便陪同客人去了房间。楼层主管和两服务员都在现场，因为刚搞完卫生，工作车也还在门口。5人一起仔细翻遍了角角落落，又查看了工作车的垃圾袋，都没有找到。小高请客人再仔细回忆一下，会不会放在别的地方或带走了，但客人仍然肯定地说，她的钱包就是放在写字台上的。客人说毕，怀疑地看了看两位客房服务员，但他们脸上没有一丝心虚的表情，她只好灰心地回去了。小高请客人留下了联系电话，并在工作日记上详细记录了这件事。她觉得此事不能就此了之。请问小高可能采取哪些做法？对酒店的启示是什么？

案例评析

1. 可能采用的做法及评析

（1）请客房部再次仔细查房，若找到了，立即通知客人，若找不到也应给客人打个电话，告诉客人我们又再次查房，但房间里确实没有。请她回忆一下是否落在了别的场所。这样做如果找到了钱包，则皆大欢喜，客人也会非常感激。酒店若找不到，打电话给客人，让客人感受到酒店对她的关心，同时，也再次澄清酒店服务员的清白。因此，这是首选办法。

（2）将此事汇报给客房部经理，让他再次审问客房服务员。实际工作中我们常常会这样做。相信客人固然重要，但同样也要相信我们的服务员。直接把嫌疑指向服务员，会伤害员工的自尊并影响员工的积极性，况且也不一定能解决问题。

（3）通知酒店保安部及所有营业部门，请他们共同协助查找，希望能在别的场所发现客人的钱包。此做法主要可通过事实澄清客房服务员的清白，因为客人认定自己将钱包放在了客房内，而服务员又说没看见，客人势必会怀疑服务员。因此，这样做是很必要的。

（4）建立失物招领"档案"，不管在任何时间找到钱包，都立即通知客人。虽然有可能过了一段时间，客人已经补办好了证件等，100元钱也不是很在乎，这个钱包对她可能已失去了意义。但作为酒店，体现认真严谨的工作态度及酒店良好的声誉，仍应这样做，更何况，也许还能给客人一个意外的惊喜。

（5）待客人走后，再找一遍，实在找不到，也就算了，不需要再与客人联系。从客观上讲，酒店已尽责了，客人也不会再怪罪酒店，应该说这样处理也是可行的。只是发生这样的事或多或少总会因没有做到十全十美给客人及酒店留下一丝遗憾。

2. 对酒店的启示

（1）涉及客房内物品的遗失，楼层服务员及管理者都应引起高度的重视并妥善地处理。在进房时最好有两人在场，在客人找不到物品的情况下，应请其尽量仔细地描绘当时的场景。这样既有利于酒店查找，也有利于客人自己回忆。要尽一切可能查找，不要放弃最后一线希望。因为这类事件的处理妥当与否直接影响到酒店的声誉，因此不要草率从事。

（2）酒店应建立健全"失物招领"制度，以保证客人无意间丢失东西后，能及时准确地物归原主。

（3）在遇到此类投诉时，可请酒店保安部到现场予以记录及配合解决。

讨论与作业

1. 请评价本案例中大堂副理小高的做法。
2. 客人离店时将物品遗落在酒店，酒店该如何处理？

案例 6－8

丢失的护照[①]

5 月 26 日晚上 8：00，客房服务员小王在酒店东门门口不远处捡到了一本日本护照，在第一时间将护照交给了大堂副理。

接到护照后，大堂副理想："或许客人明天就要回国，或许客人现在正在找护照，又或许此时客人仍未发现丢失护照，但知道后肯定焦急万分。"想到这，他立即拿着护照到总台查询此客人是否是住店客人，经查询发现这位客人是某公司的中岛先生，之前入住过酒店几次，但现在并未住在酒店里；再仔细查询发现目前酒店内入住了与中岛先生同一家公司的 3 位客人。这让大堂副理找到了希望：可以试着通过这 3 位入住的宾客询问中岛先生的联系方式。

碰巧的是，这 3 位客人中的一位现在就在酒店，大堂副理立即登门拜访，在向客人表明来意后，客人立即协助联系中岛先生，但无奈总是拨不通中岛先生的电话，称不在服务区。这让大家有了另外的猜想："中岛先生是否包被偷，手机也被偷了？"在住的客人又给中岛先生发送了邮件，此时已将近夜里 10：00 了，考虑到在住宾客第二天要上班，不便打扰，所以沟通后委托该住店客人将护照转交给中岛先生。

晚上 11：00，总台接到中岛先生的电话，十分感谢我们捡到护照，第二天中午，又接到中岛先生的电话，他说下午 2：00 会来酒店当面感谢，虽然在电话中酒店总台一再强调只是做了我们应该做的事情，但是客人还是执意要上门感谢。下午 2：00 中岛先生与公司随行人员一同来到了酒店，送上了礼品表示感谢，并对酒店的优质服务示以高度赞扬。

案例评析

本案例中，当客房服务员小王在酒店捡到护照后的第一时间交给大堂副理，说明其责任心很强。大堂副理的处理也比较妥当，千方百计及时联系到了客人。分析如下：

（1）在酒店中拾获物品一律上交。在酒店范围内，任何人在任何地点拾获物品都应交到相关部门，一般酒店都设有失物招领处，不方便时一律上交大堂副理。案例中，

[①] 邢夫敏：《现代酒店管理与服务案例》，北京大学出版社 2012 年版，第 33~34 页。

客房部的小王发现了客人的护照，因为是晚上，所以直接交给了大堂副理，这种做法是正确的。

(2) 查找客人信息的途径。案例中，因为客人丢失的是非常重要的证件——护照，大堂副理采用了及时联系客人的方式。在查找客人信息时，可以通过以下途径查找查看是否是住店客人、是否是已经离店的客人、是否是曾经住过酒店的客人；查看预计抵店客人名单，看是否是即将抵店、暂时还没有办理入住手续的客人；如果是公司客人可通过公司联系人查找。案例中大堂副理的做法非常正确，他反应迅速，立刻通过客史档案了解该客人的信息，当得知在住客人是同一公司的同事时，就及时来到其房间请他帮忙，并请该住店客人与中岛先生取得联系，最终使得物归原主，皆大欢喜。

(3) 不是住店客人，酒店同样热情帮助。对所有的客人都表示欢迎，对所有的客人都热情相待，这是酒店服务的宗旨之一。案例中，虽然中岛先生当时并不是住店客人，但酒店的工作人员能急客人之所急，在第一时间联系到了客人，交还了护照，着实让其感动。员工用实际行动体现了酒店的服务宗旨和企业精神，酒店的知名度和美誉度也因此大大提升。

讨论与作业

1. 本案例给酒店管理者哪些重要的启示？
2. 遗失物品和遗弃物品的处理方式有何不同？

第五节　总台收银案例

总台收银业务包括建立客账并入账、为客人办理离店手续、信贷处理、清点上缴账务、贵重物品保存、外币兑换。总台收银工作协作性强、时间性强，所以需要工作认真细致。目前酒店总台收银多采用一次性结账业务，团队客人则属于团队支付的一次性结账；需要个人支付的部分采用零星付款的方式。为了确保收银工作的及时、准确，要求账户清楚、入账准确、走账迅速，并注意账单和有关资料的保存。在客人办理结账手续之前要做好充分的准备工作，主动礼貌地请客人出示住房凭证，打电话到客房服务中心通知客人离店信息，同时从电脑中调出客人的账单，检查有无客人的留言、邮件等，询问客人在半小时内有无接受付费项目，客人对各项费用无异议则收款，打印发票，向客人表示感谢并欢迎客人下次光临。[①]

在收银中，客人可能采用现金或者信用卡付账，也可能采用转账、旅行支票、旅行社票据等进行支付，这就要求收银员必须掌握不同方式的结账方法，迅速、及时、准确地为客人办理结账手续。

当然，在收银中也会遇到特殊情况，如客人对所付账款有异议、客人的消费额超过

---

① 邢夫敏：《现代酒店管理与服务案例》，北京大学出版社2012年版，第35~36页。

了预付款、客人要赊账、客人离店后酒店发现钥匙没有归还等。遇到特殊情况时，一定要在充分考虑酒店规章制度和服务操作程序的基础上，尽量为客人着想，做好沟通工作，确保酒店利益和服务质量。

案例 6-9

押金收据起风波[①]

一天中午，某酒店总台的收银员小胡心情沉重，脸上布满愁云。显然，她遇上了麻烦事。

"没错，上午是我帮你结的账，但我已经把余款还给了你呀，怎么说余款没有还清呢？"由于小胡过于激动，说话的声音尖利而且带着颤抖，尽管已经有所克制。

站在她面前的一位中年男顾客一脸沉着，并不急着搭腔。从其富态长相和衣着来看，应当是一位收入不菲的款爷，不会因为不多的余款未还给他而急不可耐地反驳小胡的申辩。只见他镇定地望着小胡，一字一顿地说："我记得很清楚，是你说上午一时不便，该退的 300 元等中午来拿，押金收据暂时由我保管。现在你怎么不承认了呢？这样吧，请你的经理来一下。"

当大堂副理问清情况后，低声向客人解释道："数额不大的账单一般都会当场结清的，是否你记错了，请你回忆一下好吗？"这位客人则反驳说："既然已经结清，那这张押金收据怎么还会在我的手上呢？无非就是 300 元，你认为我欺诈不成？""押金收据没有收回，这有可能是我们收银员疏忽，但并不等于该余款没有还清。我刚才看了一下押金收据，上面并没有余款未付的文字说明。这样吧，收银台上方装有电子摄像探头，我们调出上午的录像看看如何？"大堂副理灵机一动，突然冒出令这位中年男顾客始料未及的建议。

这位客人一时说不出话来，本来就没有什么表情的脸一下子僵硬了，似乎意识到什么，最后只是恨恨地扔下一句："真是活见鬼了！"掉头就往大堂门口走去。

一场风波总算平息了。事后从调出的录像看，整个结账过程一清二楚。小胡确实退还过余款，但也明显地看出小胡工作中的一个环节出现疏失：没有及时收回押金收据。

小胡向"英明"的大堂副理投去感激的目光。大堂副理当然也没忘记将此事记入他的工作日志里。

案例评析

（1）建立完善的收银制度。为了避免工作中出现差错，造成逃账、漏账情况，账务处理必须建立一套完善的制度。本案例中收银员小胡没有按照程序标准及时收回押金收据，从而被怀有不良企图的客人钻了空子，幸亏酒店收银处装有监控，整个结账过程一清二楚，证实小胡确实退还过余款。否则小胡很有可能自掏腰包了。

[①] 陈文生：《酒店管理经典案例》，福建人民出版社 2017 年版，第 4~5 页。

(2) 结账工作要做到忙而有序。结账业务是客人离店前所接受的最后一项服务，总台收银处是给客人留下最后印象的地方，为了不影响客人的出行，提升酒店服务形象，要求总台为客人办理结账手续时速度要快、效率要高，一般结账手续两到三分钟内办妥。虽然有时间要求，但是一定要注意忙而不乱，以免给酒店带来经济损失。

讨论与作业

1. 散客结账的程序与标准有哪些？
2. 前厅收银处的业务范围有哪些？

案例 6–10

不愉快的结账[①]

日本某公司驻上海办事处工作人员一行两人，一次住进南方某市某酒店。由于他们原先已向该酒店销售部预订了房间，所以到总台登记入住时十分顺利，只需在登记表上签个字交上押金就算办完了入住手续。

住下后的两天里倒也相安无事，然而不愉快的事情却在他们离店结账时发生了。

"预订时不是讲好房价是 430 元，现在怎么变成 680 元了？"客人不解地问总台收银员。

收银员小宋耐心地解答说："预订时讲的是 430 元，没错。但你入住的那一天刚好遇到全国煤炭订货会在本地召开，客房紧张，全市酒店的房价普遍上调，所以现在是按上调后的房价结算的。"

由于日本公司驻上海办事处的职员是中国人，对国内酒店的运作方式还是了解的。他们认定，一旦预订时讲好多少价钱，入住后必然按此价钱结算，因此对收银员小宋的回答十分不满，并立即找到销售部，与当时接受预订的销售部林经理交涉此事。林经理也感到总台做法不妥，马上亲自到总台解释，希望总台立即予以更正。可是总台的收银员小宋认为，她是凭客人入住当天签字认可的登记表上房价结算的，她并无过错，而且若要更改房价，她没有这个权力。

林经理问小宋，预订单上已写明房价 430 元，怎么登记表上变成了 680 元呢？小宋说："客人抵店之前，我们已先按预订来客户姓名等资料填好登记表，房价是按当天收费标准改过了，而且客人当时签字时也无异议。"

客人则说我们签字时没有去看登记表上的房价，因为我们历来认为房价肯定按预订时说好的计算，所以没有疑问就签了字。这不是我们的错。在一旁的该公司另一位职员此时也加入理论，总台的气氛一时紧张起来。

林经理出于无奈，只好请大堂副理出面解决。然而大堂副理听完情况后，对客人说道："反正你们回公司可以报销，也不在乎出多少钱，我看就这样算了。"客人原以为

[①] 陈文生：《酒店管理经典案例》，福建人民出版社 2017 年版，第 24~26 页。

事情大概会有转机，没想到大堂副理是这么一种态度，不满的情绪徒然增长。其中一位客人抬高了声音："我们是你们的长期客户，要是按680元房价拿回去报销，公司还不怀疑我们拿了好处？"客人的话不无道理。林经理见此情形，又气又急，立即把大堂副理拉到一边，悄悄地说"请你马上叫总台更正，否则这个长期客户今后不住我们这里了。损失就更大。"谁知大堂副理却振振有词地说："客人自己已经在登记表上签字了，白纸黑字，并且当时资料也输入了电脑，怎么变，要变只有找总经理了。"两个人的脸色显然都不好看。

也许是这两位客人不想再为难林经理，也许是急于赶车上路，他们走过来拉住林经理的手说："算了，这次就把这个账结了，请你用电话向我们公司解释一下，下回不住你们酒店就是了。"林经理一时怔住，当他缓过神还想再讲什么时，客人中的一位已经急匆匆办理结账手续了。

案例评析

本案例涉及预订客户结账时应注意的问题。在此案例中收银员小宋及大堂副理的处理方式结果很明显：估计这个日本公司上海办事处今后派人出差到此地，很有可能再也不入住这家酒店了。当然这是该酒店销售部同样也是这家酒店的总经理所不愿意看到的。在此类问题的处理上一定注意以下几个问题：

（1）预订价格是对双方的约定。客户通过酒店销售部进行了预订，酒店作为强势一方更应该遵守约定。尽管房价有所调高，但对于有预订的客户来说，只能按接受预订时确定的价格结算，这是常规，小宋却违背了这一常规，以"客房紧张，全市酒店的房价普遍上调"为由随意提高房价，有"趁火打劫""店大欺人"之嫌，故小宋的做法不可取。

（2）酒店服务人员要树立"营销是一盘棋"的全局意识。在此案例中销售部林经理具有宾客意识、市场意识、竞争意识等营销观念，但是营销不仅是营销部的事，它关系到每个酒店人的利益，所以本案例中小宋和大堂副理的做法是极其错误的，缺少营销意识，失掉了大好的客户资源。

（3）总台服务人员是酒店形象的代表，切忌在总台和客户起争执。总台来往的客人很多，一旦发生类似本案例的问题，应第一时间妥善解决，可在大堂吧与客人进行进一步的交流，不要在总台争吵，一旦事态扩大，会对酒店产生负面影响。

讨论与作业

1. 结账时客人提出对账单有异议该怎么办？
2. 客人带走了客房的一些物品，结账时该怎么处理？

第六节 贵重物品保管案例

酒店不但要为住店客人提供舒适的客房、美味的佳肴、热情礼貌的优质服务，还必须对住店的财产安全负责,因此,酒店应为客人设置寄存贵重物品的场所和设施。

在贵重物品保管中,要注意其服务程序;贵重物品丢失时要及时进行处理;保管箱钥匙丢失要分情况进行处理。

酒店客人的贵重物品保管方式一般有三种:一是条件一般的酒店,贵重物品寄存于总台,由总服务台代为保管,锁于抽屉或不分隔的保险柜里;二是在总台设立贵重物品保管处,每位客人寄存物品时各启用一个贵重物品保险箱;三是酒店客房里配备保险柜,客人可以自行设置密码,随时取用。

为了确保贵重物品的安全,酒店首先要有安全可靠的寄存程序。第一,在启用保险箱时填写正卡,中途每启用一次则填写一次副卡,并对记录卡妥善保管;第二,客人必须亲自存取;第三,必须严格、正确、认真地核对客人签名;第四,保管好总钥匙,做好交接记录,如果条件允许,酒店最好有单独的房间放置保险箱以供客人使用;第五,严格执行两把钥匙的制度,客人、酒店各执一把,只有两把钥匙同时使用才能打开保险箱;第六,配备高素质的服务人员。

目前,多数高档次、高星级的酒店会在客房内配备保险柜,贵重物品由客人自行存取,这样既安全又保护了客人的隐私,但是偶尔也会出现客人忘记保险箱密码的情况。如果需要开启保险箱必须按照特定的程序进行操作,如征得客人本人同意,在客人、保安部员工、前厅或客房服务员都在场的情况下,由工程部员工负责开启保险箱,开启后请客人及相关人员在记录表上签字并存档。[1]

案例 6-11

忘了保险箱密码[2]

9月的一天中午,天气异常闷热,工程部的师傅们忙完了手上的工作,正在稍作休息。他们边擦汗边喝水,聊起了下午的分工,待到安排妥当,就准备吃午饭了。可就在此时,客房中心打来电话,说9楼有位姓郭的客人,因为忘记了密码,无法打开保险箱,保险箱内存放着重要资料,而且下午参加会议要用,所以非常着急,无奈之际只得求助工程部帮忙开箱。

工程部一商量,觉得这件事非同小可,便马上决定由钱师傅会同保安、服务员一起前往,老钱顾不得吃饭,匆匆赶往客房。客人正急得走来走去,显得非常焦急,而且还狠狠地拍自己的脑袋,懊恼地说道:"唉!怎么记性那么差!一夜就将密码忘记得干干净净,唉……"钱师傅见状,一面安慰客人,一面认真操作,真是熟能生巧,手到擒来,一支烟的工夫,钱师傅当着客人的面,很轻巧地将保险箱打开了,郭先生连连称谢,说多亏了钱师傅,否则到了下午自己就没法交代了。老钱笑着说不用谢,接着又当场给客人详细讲解正确的使用方法以及如何重新设置密码等事宜。

---

[1][2] 邢夫敏:《现代酒店管理与服务案例》,北京大学出版社2012年版,第41~42页。

可是事情出乎意料，第二天，郭先生又忘记了自己设定的保险箱密码。或许他以为这是件"便当事"，所以很随意地在房间里留了一张纸条，要工程部再将保险箱打开。

接任务的还是钱师傅，可是这次他拒绝了，原因是当钱师傅赶到房间时，并不见客人在场，按规定在客人不在场时是不能随便打开保险箱的。但客房中心认为按客人的留言开箱，不属于违规。老钱为难了："开，违反制度，不开，违背客人意愿。怎么办？"钱师傅考虑了很久，决定请示领导，得到的回复是待客人回来后再打开。钱师傅略微思索当即建议酒店迅速通知客人，等客人回来后再和保安、服务员一同前去，开启保险箱。最终，钱师傅的做法得到了客人的赞许。

案例评析

目前，高星级酒店都在客房中设置了小保险箱，客人可以自行设置密码、自行使用，方便快捷。但案例中，比较"健忘"的客人郭先生两次忘记保险箱密码，请酒店工程部钱师傅帮助开箱。这两次的情况却并不相同，具体分析开启保险箱的程序如下：

（1）开启前确认客人身份。酒店客人自称忘记客用保险箱密码并需要进行开启时，酒店需要在总台电脑系统中认真查看住客信息，确认后才能前往。

（2）到场人员要齐全。开启保险箱需要工程部、保安部、房务部、客人都在场的情况下才能进行，否则不予开启。案例中，客人第二次要求开启保险箱时，自己却不在场，钱师傅及时请示了领导，做出了正确的选择。工程部钱师傅坚持一定要顾客本人在场才能开锁的做法，是遵守制度、尊重客人的表现。钱师傅这样做了，最终受到了客人的赞许与尊敬。

（3）再次确认客人身份。到场后，房务部服务员首先请客人出示房卡，了解所住客人的实际情况是否与总台电脑系统中登记信息一致。并简单询问客人在保险箱内所存放的物品，随后进行开启。开启后，查看客用保险箱内所存放的物品是否与客人所描述的完全一致。

（4）签字确认。开启保险箱需携带"客用保险箱开启记录单"，将物品取出且核实无误交于客人后，由客人签字认可。与此同时，将客人有效证件的信息在"客用保险箱开启记录单"上进行详细填写。此外，保安部与房务部服务员、经手人员也都要在记录单上签字。

讨论与作业

1. 贵重物品的寄存程序标准是怎样的？
2. 客人领取寄存的贵重物品时，酒店服务员该如何操作？

第七节　投诉处理案例

酒店应提供优质服务，但尽管如此，客人还会由于以下原因进行投诉：硬件设施设备；软件无形服务；酒店管理不善；对有关政策的不了解或误解。

对客人投诉的认识，可帮助酒店管理者发现酒店服务与管理中存在的问题与不足；为酒店提供了一个改善宾客关系的机会；有利于酒店改善服务质量，提高管理水平。

处理客人投诉的程序和方法：做好接待投诉客人的心理准备；设法使客人消气；认真做好客人的投诉，并注意做好记录；对客人的不幸遭遇表示同情，理解和道歉；对客人反映的问题立即着手处理；对投诉的结果予以关注；与客人进行再次沟通，询问客人对投诉的处理结果是否满意，同时感谢客人。

案例 6-12

我花钱不是来受气的[①]

11月28日下午4点，沈先生打算办完离店手续后去机场赶6点的飞机，他在前台办理离店手续时，忽然想起在行李房还寄存了一个手提箱。他匆匆忙忙地赶往行李房拿出寄存卡领取行李，行李员发现行李不见了，到处找也找不到。沈先生很着急，他打电话投诉，要求酒店承担责任。大堂副理范平前来处理，见到沈先生说："沈先生您好，告诉我出了什么事？""你是大堂副理，怎么还不知道什么事？我的行李不见了，我要赶飞机，时间来不及了，我要你们赔偿。""沈先生，坐下来，慢慢说，不要急。""事情没发生在你身上，你当然不急！""如果是我，我当然会冷静，您也冷静一下吧！""我做不到，跟你没什么好讲的，叫你们总经理来跟我讲。""我是代表总经理来处理问题的，请您尊敬我，我也是有脾气的，我可不是来受您气的。""难道我是来这里受气的吗？我花了钱，丢了东西，还要在你这里受气，你们是什么星级酒店呀！"两人你一句我一句，争执不下，最后只能由酒店的总经理出面解决问题。

案例评析

大堂副理是酒店和宾客沟通的桥梁，能否有效地处理宾客的投诉，取决于大堂副理的工作能力。处理得好，能够赢得回头客，维护酒店的声誉。本案例中，大堂副理范平显然没有掌握处理投诉的技巧，没有履行好自己的职责。在处理客人投诉时，首先，没了解情况，也没有向客人表示歉意；其次，没有给客人的火气降温；再次，没有站在客人的立场上想问题，反而自以为是；最后，在语言表达上欠妥当，这一切导致与客人沟通失败，最终无法解决问题。

讨论与作业

1. 处理客人具体投诉时应注意哪些问题？
2. 处理投诉是大堂副理的职责之一，你认为大堂副理应具备哪些素质才能胜任这项工作？

[①] 沈燕增：《酒店经典案例与分析》，中国人民大学出版社2014年版，第31页。

案例 6-13

楼层洗衣机的困扰[①]

12月25日22：30左右，2611房间的网络预订客人王先生致电总台，投诉楼层内放置的洗衣机太吵，明明友情提示上写着可使用时间截止到22：00，可是到现在洗衣机仍处于运作状态，严重影响了孩子休息。同时表示，他已经与服务员沟通了两次，但没有得到根本解决。王先生非常生气，就强行将洗衣机关了（当时有其他房间客人的衣物在清洗）。王先生还表示，他明天继续住在酒店，再出现此问题怎么办？要求酒店给予合理的解释及切实可行的处理意见。

大堂副理接到投诉立即前去了解情况，得知是2615房间的客人布莱克先生由于下班较晚，回酒店后使用楼层洗衣机清洗衣物。于是大堂副理立即来到2611房间，向王先生致歉，表示事情已在交涉处理中，并询问客人是否需要换房。王先生表示，但孩子已经入睡，第二天再换。大堂副理再次致歉并安排次日换为安静的房间。次日，总台为王先生进行了换房，王先生表示满意。

为了避免当晚有其他客人继续使用洗衣机，大堂副理联系了工程部的师傅询问是否可以暂时切断电源，工程部在查看后回复由于几栋楼的电源都是连在一起的，不能只切断洗衣机的电源。大堂副理只能安排客房中心暂时用胶布把插口封上，第二天早晨再将胶布拆除，恢复正常使用；同时通知客房部将2615房间布莱克先生的在洗衣物送至洗衣房水洗并烘干。

第二天，大堂副理陪同服务员一起将洗好的衣物送至2615房间，并礼貌地提醒布莱克先生楼层洗衣机的使用时间，并对客人的理解与合作表示感谢。

案例评析

楼层洗衣机在深夜还有客人使用影响了其他客人休息，引起了投诉，大堂副理的处理比较到位，具体分析如下：

（1）迅速解决客人投诉。大堂副理在对待此投诉时做出了快速有效的处理，主动提出帮助客人更换房间，并且对洗衣机进行了处理，以防再有客人使用而影响他人休息。

（2）解决投诉时妥善处理对其他客人造成的影响。对于正在洗涤中的衣服，大堂副理通知客房部拿到洗衣房水洗并烘干，并对使用洗衣机的布莱克先生进行了专门的拜访，得到了客人的理解和支持。

（3）做好进一步的工作。①通过此案例可以看出，酒店应将洗衣机使用时间的提示牌制作得更加醒目些，让宾客一目了然；②提醒总台，今后对老人、有孩子的家庭或有特殊需求的个人，尽量安排相对安静的房间；③加强对客房楼层服务员的服务意识的培训，如果发现有客人在规定时间以外使用洗衣机，应及时善意提醒；④值班经理要加

[①] 邢夫敏：《现代酒店管理与服务案例》，北京大学出版社2012年版，第44~45页。

强巡视力度，尽量杜绝此类事件再次发生；⑤案例中将客人的在洗衣物送至洗衣房时，应向客人留言说明，以免客人在取衣服时因找不到而焦急。

讨论与作业

1. 为什么会发生投诉？如何看待客人的投诉？
2. 正确处理投诉的程序有哪些？

第七章 客房服务与管理

本 章 导 读

酒店是以建筑物为载体，通过为客人提供住宿和餐饮等服务而取得经营收入的旅游企业。其中，客房部所提供的住宿服务是酒店服务的一个重要组成部分。客房部又称为房务部或管家部，是酒店为客人提供服务的主要部门。其任务是"生产"干净、整洁的客房，为客人提供热情、周到的服务，确保客房设备设施时刻处于良好的工作状态；同时，客房部要保证客人的人身和财产安全。由于客人在酒店的大部分时间是在客房中度过的，因此，客房服务质量的高低关系到客人对酒店舒适度的评价，也在很大程度上反映了整个酒店的服务质量。现代酒店服务功能的增加是在满足宾客住宿要求这一最根本、最重要的功能基础上的延伸。因此，客房服务质量直接关系到客人对酒店产品的满意程度，对酒店的声誉和经济效益会产生重大影响。客房部还是酒店营业收入的主要部门，绝大多数酒店的客房收入是其经营收入的重要组成部分。客房部在酒店中的地位是其他部门无法代替的。

第一节 客房设计案例

客房是酒店最基本的物质基础，是接纳客人的最主要的场所，客房部是带动和促进酒店其他部门运转的重要枢纽。客房是宾客留住酒店时的主要活动场所与生活区域，也是客人在酒店中逗留时间最长的地方。客人在客房的时间一般超过入住酒店时间的60%，酒店对其服务活动也是酒店服务活动的主体。现代酒店客房部的服务系统经过不断调整和完善，已形成一个全面而高效的运作体制，因此，酒店的客房服务是酒店不可或缺的组成部分。[1]

目前新概念客房的设计层出不穷，尽管各类新概念客房在设计上体现出各式各样的

---

[1] 邢夫敏：《现代酒店管理与服务案例》，北京大学出版社2012年版，第54~55页。

特色和风格,但是客房设计新概念的宗旨却是相同的,即从宾客的需要出发,为宾客提供更为便利、舒适、健康的居住休息环境,使宾客获得更大的满足感,同时也提高酒店的竞争力。

案例 7-1

新概念客房[①]

如今,全球饭店业经营的难度越来越大,设计师、业主和管理者都绞尽脑汁,既追求标新立异,又讲究舒适实惠,种种新概念客房层出不穷。健身客房、天堂之床、"睡得香"客房、精神放松客房、绿色客房等一系列名目繁多的客房应运而生,特色纷呈。

喜达屋(Starwood)集团下的威斯汀(Westin)酒店品牌经过近两年的努力,"天堂之床"(heavenly beds)的客房已闯出名气。希尔顿集团在美国洛杉矶富豪区的比华利山的酒店推出自己的特色概念"睡得香"客房(sleep tight)。这一客房中用加厚的床垫,高雅而又不透光的艺术窗帘,闹钟铃响时台灯自动开启,按客人生活习惯设置的生物钟可调灯箱等,博得高级商务客人的青睐。不久前,希尔顿集团又推出两种新概念客房,即"健身客房"(health-room)和"精神放松客房"(stressless room)。客房内增设一系列设施,如按摩椅、放松泉池、瑜伽术教学录像带等。他们先在全美8家酒店各推出一间样板房,观察市场反应。客人的反馈意见是新奇、舒适、印象深刻,有益于身心健康,睡眠效果确实好,为此支付稍高一点的房费也值得。市场的认可使希尔顿集团信心倍增。著名的雅高集团在巴黎的诺富特这一高档品牌的酒店中,率先尝试"高科技好客房"的创新,这是雅高集团的第一间新概念客房。客房中,床比一般的特大号的床还宽,卫生间更大,照明也更好,采用可旋转的液晶电视,具有遥控芳香治疗系统和环绕音响系统,采用独具创新的三角形陈设。目的只有一个,那就是让客人感受到非同一般的舒适、安全和快乐。值得一提的是,芳香系统是在全球酒店业中首先推出的"嗅觉识别"新概念。客房床头有显示屏告知客人多种香型任意选择,只要一按键,客房里就释放出客人偏爱的香味,客人在这些特殊配方的香味"熏陶"中,既得到一种保健的治疗,又因香味投其所好而睡得香甜。

案例评析

一段时间以来,标准化客房因其大众化和良好的适应性在很长时间里受到了客人的青睐。但随着人们消费观念和现代工业技术的发展,越来越多的客人更加注重个性化特点,逐渐厌倦了千篇一律的标准客房模式,于是酒店业也迎合市场的需求不断创新,因此才会涌现出本案例中诸如"睡得香客房"、"健身客房"以及"精神放松客房"等各种新概念客房。

"所谓新概念客房,是指根据宾客的生活习惯和需求并结合酒店的特色,以为宾客

[①] 吴旭云、逄爱梅:《客房部的运行与管理》,中国旅游出版社2012年版,第57页。

营造更加便利、舒适、健康的居住休息环境为理念,进行设计、提供服务和进行日常管理的客房。"①

与传统客房相比,新概念客房的最大特点是无论客房设计、客房服务还是客房管理都导入新的理念,从而满足客人在客房内也能得到的一些新奇的享受和经历,能有一些与众不同的收获和感受的心理诉求。因此新概念客房既是时代的产物,更是满足客人日益增长的精神需求的产物,在酒店行业有着广泛的发展前景。

讨论与作业

1. 客房设计的原则有哪些?
2. 客房设计的趋势有哪些?

案例7-2

柔和的灯光[2]

在一个寒冷的冬日下午,温小姐提着沉重的行李箱来到了公司为她预订的蓝鸟酒店,坐了几个小时飞机的她真的快累坏了,全身更是冷得直打战。

怀着沮丧的心情,温小姐跨进了蓝鸟酒店的大门。这时,一个甜美的嗓音传入耳朵:"您好,欢迎您来到蓝鸟酒店,请问您是否预订了房间?"温小姐转过头,只见一位面带天使般笑容的女孩迎上前来,她一脸灿烂的笑容让温小姐仿佛感到了春天的气息。温小姐点了点头。

办完入住手续后,当她还在吃惊于服务员办理登记手续效率之高时,她已经被服务员带到了自己的房间。

房门一打开,她在心里忍不住惊叹起来:鹅黄色的厚重落地窗帘阻隔了外面的严寒,同一色系的地毯从门口延伸到整个房间,宽大柔软的杏仁色丝绒床褥,配上床上那个柔软舒适的抱枕,给整个房间营造了一种温馨如家的氛围。房间的灯光十分柔和。茶几上摆放的瓦盆绿意盎然的小巧盆景,一看就知道是经过了精心搭配,让整个房间充满春天般的气息。还有床头旁边的粉红色梳妆台上摆满了各种女性保养品及整套的化妆品,让温小姐感到自己走进了一个纯女性化的世界。台面上一个粉红色的信封上写道:欢迎小姐您来到本酒店,这是我们送给您的小礼物,希望您在本酒店度过愉快的一周生活!

"小姐,请问您现在需不需要用晚餐呢?我们可以为您送到房间来。"服务员带着亲切的笑容询问着。"哦,好的。但我想先看一下你们酒店的菜单可以吗?"温小姐说。"当然可以。"服务员立刻将菜单递给温小姐。"我就要这份套餐。请你们八点钟的时候再送来吧,因为我想好好洗个热水澡。"温小姐面对服务员的亲切态度,语气也不自觉地放缓了。"好的,那我不打扰您了。如果有什么需要可以随时联系我们,我们很乐意

---

① 《新概念酒店——酒店客房发展新理念》,搜狐网,2017年8月3日,http://www.sohu.com/a/161950275_99968695。

② 沈燕增:《酒店经典案例与分析》,中国人民大学出版社2014年版,第67~68页。

为您服务。"服务员说完就退出了房间。

温小姐拿着换洗衣物走进了浴室。按下电源开关，整个浴室顿时笼罩在一片柔和的粉红色灯光中。当她调好水温，躺进浴缸时，惊奇地发现，原来浴缸还安装了一套自动按摩仪器。她把按摩仪固定在肩膀上，按摩仪就自动按摩她的肩膀和脖子。按摩仪按摩力度适中，让她感到自己的全身神经都得到了放松，差点就想美美地在浴缸里睡上一觉了。

在浴缸里泡了半个小时后，她穿上柔软的浴袍，精神焕发地走到了浴室门口，换上摆放在门口旁边的毛茸茸的可爱拖鞋，忽然之间觉得自己仿佛回到了纯真的少女时代。

八点钟响起了门铃声，打开房门，美味的饭菜香味扑鼻而来。"请用餐吧。一个人出门在外，可别饿坏了自己哦！"服务员对温小姐微笑地说。

听着贴心的话语，看着亲切的面容，温小姐不禁觉得心头一暖。她心里暗暗想着，下次一定要继续光顾这家充满人情味的酒店。

案例评析

西方有句谚语："酒店是男人为男人设计的。"显然传统客房主要是为酒店的主要住宿者——男性考虑的，但目前由于女性客源越来越多，我们必须适应这一发展趋势，充分考虑女性的审美观、生活习惯、爱好等多方面的因素，从而设计出完全满足女性宾客需求的女士客房。

在本案例中蓝鸟酒店针对女性的独特需求，运用多种艺术手法，通过鹅黄色的窗帘、宽大柔软的杏仁色丝绒床褥、柔和的灯光、绿意盎然的小巧盆景、可爱纯真的粉红色、多种按摩功能的浴缸等多种陈设装饰等各种要素的设计与布置，烘托出女性色彩这种独特文化氛围，满足了女性对环境和物品更细致的要求，再加之女性服务员热情、贴心的服务，让温小姐如沐春风。

讨论与作业

1. 女士客房的设计应注意哪些问题？
2. 客房设计的人性化体现在哪些方面？

第二节　客房清扫服务案例

对于入住酒店的客人来说，不一定选择在酒店就餐，但一定会使用客房。客房卫生清洁与管理的好坏直接影响到客人对饭店产品的满意程度及饭店的形象、气氛和经济效益，因此，客房部必须实行有效的管理以保证卫生清洁工作的质量。明亮清洁的房间、幽雅的环境能让客人产生宾至如归的感觉。因此，服务员必须按时、按服务规程和标准，认真、高效地清扫客房。[1]

从实际操作的角度来看，客房清扫作业分为两部分。一部分是每天都要进行的客房

---

[1] 吴旭云、逄爱梅：《客房部的运行与管理》，中国旅游出版社2012年版，第97页。

清扫，如床铺的整理、房间的除尘、卫生间的清理等，称之为客房日常清洁，而另一部分则是客房计划卫生。

为提高客房的清洁卫生质量，要强化员工卫生质量意识。首先，要求参与清洁的服务人员有良好的卫生意识。为此必须做好岗前及岗位培训，让员工树立卫生第一、规范操作、自检自查的岗位责任感。同时要求客房管理人员及服务人员注意个人卫生，从自身做起，既完善自身形象，又加强卫生意识和卫生习惯。其次，不断提高客房服务人员对涉外星级饭店卫生标准的认识，严格与自己日常的卫生标准相区别，与国际卫生标准接轨，以免将一些国际旅游者正常的卫生要求视为"洁癖"。

为了保证房间的清洁整理工作能够有条不紊地进行，提高劳动效率，同时避免过多的体力消耗和意外事故的发生，客房部要制定卫生操作程序，实行标准化管理，这是客房清洁卫生管理的首要内容。这些卫生操作程序规定服务员的操作步骤、操作方法、具体要求、质量标准等，客房服务员应根据不同的客房，严格按照清扫的程序和方法进行清洁，使之达到饭店规定的质量标准。清洁卫生操作程序要符合"方便客人、方便操作、方便管理"的原则，清洁卫生质量标准包括视觉标准和生化标准、严格逐级检查制度主要包括服务员自查；领班全面检查；管理人员抽查等检查制度。

重视客人意见。客房卫生质量的好坏，最终取决于客人的满意程度。所以搞好客房清洁卫生管理工作，要发挥客人的监督作用，重视客人的意见和反映，有针对性地改进工作。设置《客人意见表》是较好的一种方法。《客人意见表》设计应简单易填，形式要轻松，摆放要显眼。

案例 7-3

不一般的石头[①]

有位客人是一位中国台湾老兵的儿子，他的父亲心中有一个"落叶归根"的愿望。但是，由于多方面原因，老人去世后没能安葬在家乡。老人在生前对子女表达愿望，希望在自己的坟上埋一块故乡的石头，再浇一桶黄河水。现在住在707房间的这位台湾客人，就是特地回到故乡，在故乡的山坡上拿了一块石头、打了一桶黄河水，准备带回台湾，了却父亲生前的心愿。

值班的服务员知道了事情的原委后，立即向值班经理做了汇报，并马上打电话给白天负责打扫707房间卫生的服务员了解情况。清扫员回忆说白天打扫卫生的时候，看到在卫生间的地上放着一块石头，石头上还沾着黄泥，弄得地上都是泥。他当时想："这石头有什么用，脏兮兮的，而且还是放在卫生间的垃圾桶旁边，肯定是客人不要的。"于是就和垃圾一起扔掉了。

值班经理决定马上寻找。但是酒店的垃圾是不过夜的，白天倒的垃圾此时已经运到

---

① 沈燕增：《酒店经典案例与分析》，中国人民大学出版社2014年版，第38~39页。

了垃圾场。值班经理连忙带着从家中赶回来的清扫员和其他几名服务员赶到垃圾场,幸好垃圾场还没有进行处理。在垃圾场工作人员的引导下,几个人打着手电筒,在脏臭的垃圾堆中寻找……最后,终于找到了那块石头。

虽然女服务员的疏忽给客人带来了麻烦,但是客人对酒店的处理态度和结果还是很满意。台湾客人接过服务员找回的石头,幽默地说:"幸亏你们没有把那桶黄河水倒掉,要不你们还得派人去趟黄河边。"客人说完笑了起来。听了客人的话,服务员们心里的"石头"落了地。

案例评析

在此案例中,服务员在清扫客房过程中,没有正确判断物品是否是客人的垃圾。每个人对于物品的价值判断不同,服务员认为是没有价值或者价格低廉的东西,客人可能视之为珍宝。因此,清扫中应严格把握这一原则:除放在纸篓或者垃圾桶里的东西外,即使是放在地上的物品也只能替客人做简单的整理,千万不要自行处理。

讨论与作业

1. 请评价本案例中清洁员的做法。
2. 客房清洁的原则与顺序是什么?

案例 7-4

褥垫上的污渍[①]

北京某四星级饭店的客房部,这几天接待一个洽谈会团体,客人非常多,所以客房服务员清扫房间的任务很大。某实习生正在一间走客房(即客人离店但没有清扫的房间,也有的酒店叫作"离客房"。)内铺床,他急急忙忙撤下床单,发现褥垫上有块污渍,因为还有许多间房要做,也顾不得把褥垫翻转过来,于是就把干净单子往上一铺,包好了事。没想到这间房正巧是饭店接待 VIP 客人的特用房。客房部经理亲自来检查房间,发现褥垫上有污渍,十分生气。他说:"不管是什么样的客人住这间房,若发现床单下铺着有污渍的褥垫,都会影响客人的情绪,休息也不会安心,影响舒适与安全感。很可能导致其在北京的整个旅程不愉快,甚至会拒付房费。失去客人,饭店还要蒙受损失,这后果是严重的。"立即责成楼层领班、主管派人撤换褥垫,并追查责任人,还要求该责任人必须做出深刻检查,认真反省此事,并给予处罚。

案例评析

客房的卫生状况直接关系到客人的身体健康,直接影响到客人对饭店产品的满意程度及饭店的形象,客房卫生管理是饭店管理的基础工作。因此客房部必须实行有效的管理以保证卫生清洁工作的质量,可见客房卫生工作的重要性。

本案例中的实习生恰恰忽略了这一点,未按规定标准来操作:发现褥垫上有污渍,

---

① 范运铭:《客房服务与管理案例选析》,旅游教育出版社 2000 年版,第 100~101 页。

却因为还有许多间房要布置，顾不得把褥垫翻转过来，就把干净床单往上一铺，包好了事。很显然，这位实习生偷工减料，擅自减少清扫程序，客人一旦发现，酒店工作就将陷入被动的境地。因此该实习生最后受到处罚是理所应当的。

在此案例中，由于客房部经理亲自来检查房间，发现了问题，将问题消灭在了萌芽状态，因此建立严格的查房制度是必要的，而且在清洁客房工作中通过服务员自查、领班全面检查、主管及部门经理抽查、总经理重点抽查等层级检查制度发现问题。此案例中作为北京某四星级饭店的客房部，更应该加强卫生质量管理，同时作为VIP客人的特用房，其清洁工作更应该按照程序进行彻底清扫或大扫除，而不是以各种理由敷衍了事。

讨论与作业

1. 客房清扫的注意事项有哪些？
2. 如何提高客房清洁卫生服务质量？

第三节　房务中心服务案例

房务中心又称为客房服务中心，为了保持楼面的安静，尽量减少对客人的干扰和降低酒店的经营成本，越来越多的酒店采用房务中心的服务模式。

房务中心的工作至关重要，负责分发客房区域内的钥匙，传递房态等相关信息，与各相关部门联系有关事宜，为客人提供服务物品以及客遗物品的保管与登记，保证客房各项工作的顺利进行。其主要职能对内为客房部协调各部门关系，包括与前厅部的房态核对（如住客情况的入住与退房），与工程部的客房报维修，与保安部的客房安全保证，与餐厅部的订餐、送餐、收餐具等对外接听电话，为酒店住店客人解决疑问，包括添置一次性用品信息、清洁卫生信息、洗衣信息等，并及时将客需传达到本部门员工及酒店的其他部门，做到酒店对客服务的快速准确。[①]

房务中心的优点是可以营造自由宽松的环境，少打搅客人，保持楼层安静同时由于是统一指挥、统一调度，工作效率高，可以节省人力，降低客房营业费用。但是采用这种服务模式，服务员不能面对面地为客人服务，减少了感情交流、亲切感、安全性弱化，遇到服务忙时会出现照顾不周等情况，服务员也较难主动发现客人的需求并及时按客人要求提供服务。

案例7-5

"OK房"不OK[②]

9月16日，田先生来A酒店休息，总台服务人员一看是常来的田先生，便安排了

[①②] 邢夫敏：《现代酒店管理与服务案例》，北京大学出版社2012年版，第65~67页。

酒店管理案例

一间刚打扫完的房间（0121房）。当田先生拿着房卡打开0121房的房门时，脸上轻松的笑容瞬间凝固了，眼前的一切简直不敢让他相信：房间内一片狼藉，床上的被子揉成一团，写字台上也是一片凌乱，垃圾筒内满是垃圾。田先生回到门口再三看了看房号，的确是0121房没走错啊，但怎么会是脏房（即"走客房"）呢？田先生打电话至前厅部经理说明了房内的情况，前厅部经理立刻打电话至房务中心询问，楼层服务员迅速赶至0121房查看，并立刻向田先生道歉，答应马上再找一间干净房让田先生休息，但此时田先生表示不用了，直接把房卡交给了楼层服务员，让楼层服务员到总台把他的休息房取消。虽然田先生表面上没有对酒店的服务表示太大的不满，但心里已经给酒店的服务打了零分。

后经调查弄清楚了事情的原委：客房清扫服务员打扫好房间向房务中心报"OK房"时，房务中心人员没有听清楚清女服务员所报的房号，也没有向其重复房号，误把其他房号听成了0121房，所以给0121房做了干净房，导致总台安排客人进房。同时，在客人总台办理入住、系统响应报房时，房务中心人员也没有通知客房服务员0121房客人进房休息，最终导致了这一事件的发生。

案例评析

本案例房务中心的工作主要存在以下两个问题：

（1）接听电话的程序需要加强。房务中心的服务人员在接听电话时要求及时接听，一般是在铃响三声之内接听，同时仔细倾听，必要时做好记录，对接听内容予以重复，待对方确认后方可挂机。本案例中房务中心人员没有听清楚女服务员所报的房号，既没有再问清，也没有向其重复房号，从而导致将脏房分给了田先生。

（2）客人入住信息要及时通知当班客房服务员。房务中心作为与酒店其他部门联系的窗口，传递信息、分配任务、下达命令都是服务中心的日常职能。而在本案例中房务中心的服务明显存在瑕疵，因为既然客人办理了入住手续，房务中心接到前厅部房态变更的通知，应立即告知客房服务员并确认，但是由于此环节的缺失，才导致酒店失去了一次弥补的机会，从而导致客人入住"OK房"不OK的结果。

讨论与作业

1. 房务中心的工作流程是怎样的？
2. 房务中心服务模式的优点是什么？

案例7-6

卫生间水温不够[①]

10月18日，入住0516房间的日籍客人田中先生在用过早餐后来到总台反映，洗澡时房间内的水温不热，等浴缸的水放得差不多了可以泡澡时，水经常是温的，根本达不

---

① 邢夫敏：《现代酒店管理与服务案例》，北京大学出版社2012年版，第68~69页。

到可以泡澡的温度，无奈昨晚只能草草地洗了一个澡，因为白天工作了一天，回到房间想舒舒服服地泡一个澡以消除疲劳，希望酒店能查找原因或想想其他办法帮他解决泡澡的问题。总台人员了解了客人要求后，向客人表示将马上通知客房人员前去房间查看、寻找原因，为客人解决洗澡问题。

当天晚上7：00，田中先生回到房间，不一会儿便到总台找大堂经理投诉，反映早上向总台指出的水温不够热的问题并没有帮他解决。田中先生觉得酒店对客人的要求不够重视，对酒店的服务态度很失望。

后经了解，早上总台人员告知了房务中心田中先生反映的情况，房务中心便指派一名客房服务员前去检查水温。客房服务员到0516房间开启热水试了试水温后，个人感觉是热的，便告知房务中心人员水温正常。房务中心人员得到客房服务员的回复后，认为房间水温已经正常了，这件事情已经处理完毕了。所以并没有对客人反应的水温不够的问题采取其他解决措施，也没有顾及田中先生的感受。

案例评析

该案例中，房务中心人员与客房服务员都存在工作上的失误：

（1）客房服务员缺乏责任意识。当房务中心通知客房服务员去查看入住宾客反映出的问题时，客房服务员没有认真细致地查找问题，也没有站在客人的立场去考虑客人的需求，而只是凭着自我感觉，以主观意识来处理事情。

（2）房务中心人员缺乏监督管理意识。房务中心把事情转达至客房服务员，让客房服务员去处理，得到回复后就认为问题已经解决了，并没有认真核实，也没有将事情告知督导，让督导进一步跟进事件的处理过程及结果。

（3）未充分理解客人的需求。酒店宾客的需求呈多样性和多层次性，对同一设施的使用要求也不尽相同，因此在服务过程中就应该深入了解每位客人的特殊需求，要站在他们的立场上考虑问题，而不是想当然地凭主观臆想去解决问题，否则是无法让客人满意的。日本客人并不是像我们一样洗澡的时候站着冲洗的，他们绝大多数喜欢泡澡，要求的水温自然就比较高。如果考虑到了这一点，客房服务员在试水温时就不会凭感觉认为没有问题了。

讨论与作业

1. 房务中心如何与客房部协调合作？
2. 评价房务中心在酒店中的地位和作用。

第四节　洗衣中心服务案例

洗衣服务是酒店客房服务的重要组成部分之一，酒店客房部的洗衣中心（洗衣房）负责对客洗衣服务、员工制服的洗涤和熨烫服务、各部门纺织品的洗烫和缝补服务等。洗衣中心提供的服务类型包括干洗、湿洗、烫洗、缝补。在洗衣服务中，重点介绍对住店客人的洗衣服务。①

1. 客衣的收取和检查

收取客衣要及时，在规定时间或者客人要求的时间收取；收取时进行清点和检查，检查是否填写洗衣单，检查数目是否与洗衣单相符，检查客衣裤袋、衣袋是否有遗留物品，检查衣服是否有明显破损等。如无问题则及时送洗，如有问题则放在房内，待客人确认后再送洗。

2. 衣物送回

当客人洗好后，由洗衣房送至客房中心，服务员根据领取单分别送至客人房间。如果客人付现金则向客人收洗衣费，如果记账则请客人签单后送至总台收银处。

洗衣服务的注意事项：（1）收洗衣物时如有客人要求，可以帮客人填单，但客人必须签名确认；（2）不可以在房间内检查洗衣的口袋，只可以点数；（3）如遇 DND 房，可转交下一班次人员跟办，并做好交接记录；（4）如果遇到特殊情况，如洗衣单填写与实数不符，或洗衣单上无此项收费，服务员应及时汇报给领班，由领班做进一步处理，服务员绝不可自作主张。

当然，洗衣服务做得到位同样可以让客人感受到酒店的关心和关注，给客人留下难忘的印象和美好的回忆。

案例 7-7

T 恤衫变成了"童子衫"②

某日，住在某酒店内的英国客人斯密司先生送洗了不少件衣服，当天晚上，他临睡以前从已经洗好的衣服中拣出一件 T 恤衫，准备在洗澡后换上，但一眼望去，觉得这件衣服好像不是自己的。他想莫不是和其他客人的衣服搞混了？经过仔细检查，确定衣服的确是自己的，但经过洗涤后明显缩水了，已经无法再穿。

斯密司先生十分恼火地拿着那件 T 恤衫向酒店值班经理投诉道："这件衣服是我最近在意大利用 10000 里拉买的，第一次由你店洗过就变成了'童子装'！我要求你们照原价赔偿。"

值班经理回答客人说："请你稍等，我去查一下洗衣单。"

值班经理在洗衣房里找到了斯密司先生的洗衣单，只见洗衣类别栏内填的是湿洗，但非客人填写，而且没有签名。他拿了洗衣单去问客人："您是否事先提出过要求，例如是烫洗、干洗还是湿洗？"客人听罢更加不高兴了，大声说："我只知道要洗衣服，至于是怎么洗，我不懂而且没有必要去弄懂。你们酒店的洗衣工每天都在为客人洗衣服，该怎么洗，难道都不知道吗？"

---

① 邢夫敏：《现代酒店管理与服务案例》，北京大学出版社 2012 年版，第 69 页。
② 范运铭：《客房服务与管理案例选析》，旅游教育出版社 2000 年版，第 187~189 页。

值班经理耐心地回答道："我并无责怪您的意思。我们把您的衣服洗坏了，首先要向您道歉，当然还应当对此负责。"

"那么你打算如何解决呢？"客人问。

按饭店规定，至多赔偿洗衣费用的10倍，但值班经理故意留有余地说："根据本店规定，按照洗衣费用的标准，酌情予以赔偿。"没把具体底牌和盘托出。

客人接着讲："你说的办法我不能同意，我要求按照原价赔偿。"

值班经理思考片刻，断然决定采用冷处理的办法。他征求客人的意见说："按照具体情况，我提出一种变通办法供您参考。请您抽空到商店去走走，见到满意的T恤衫就买一件，费用由酒店给予报销。如果在回国以前仍购不到合适的T恤衫，到时酒店可考虑按原价折合人民币赔偿现款。"

由于给客人留有余地，客人便接受了值班经理的建议。果然客人于离店前在外面商场买到一件纹样基本上和洗坏的那件差不多的T恤衫，由酒店报销，圆满解决了这一事件。

案例评析

本案例值班经理的做法值得称道：他既没有墨守成规，完全按照酒店赔偿上限的规定进行赔偿，因为如果这样做的话只能按该件洗衣费人民币10元的10倍即100元人民币赔偿，这和客人主张要求的10000里拉的价格赔偿相差太大，完全损害了客人的利益，而是处理问题时兼顾顾客利益与酒店利益，圆满地解决了这起投诉事件。

虽然投诉得以圆满解决，但也暴露了酒店在洗衣服务方面存在的问题：

（1）送洗程序存在问题。洗衣服务是酒店客房服务的重要组成部分之一，其服务质量的高低影响着客人对酒店的评价，因此提供洗衣服务必须非常认真，送洗前必须检查核对送洗衣物的件数、有无严重污迹或褪色、有无破损等。其次接收送洗衣物时，洗衣单应由客人自己填写并签名，如果客人让服务员帮助填写单子，应由客人签名确认，然而本案例中送洗时单上没有客人的签名，便贸然将衣服下水，这为客人后来的投诉留下了隐患。

（2）洗衣房技术水平有待提高。

本案例中对洗衣房员工而言，应该对各种织品的缩水状况了如指掌，客人的T恤应该用烫洗、干洗还是湿洗方法，作为洗衣房员工而言，方法的选择必须了然于胸，如果不能确定，必须和客人核实洗涤的方式以及需要注意的地方，而不是随意下水把客人的T恤洗成了"童子衫"，这说明该酒店洗衣房技术水平也有待提高。

讨论与作业

1. 洗衣服务的程序和标准是什么？
2. 对客洗衣服务一旦发生纠纷该如何处理？

案例 7-8

干洗还是湿洗[①]

一位台湾客人的一件名贵西服弄脏了，需要清洗。当服务员小江进房送开水时，客人便招呼她说："江小姐，我要洗这件西装，请帮我填一张洗衣单。"小江想客人也许是累了，就爽快地答应了，随即按她所领会的客人的意思，帮客人在洗衣单湿洗一栏中做了记号，然后将西装和单子送进洗衣房。接手的洗衣工恰恰是刚进洗衣房工作不久的新员工，她不加思索地按单上的要求对这件名贵西装进行湿洗，不料，在西装口袋盖背面出现了一点破损。

台湾客人收到西装，发现有破损，十分恼火，责备小江说："这件西装价值4万日元，理应干洗，为何湿洗？"小江连忙解释说："先生，真对不起，不过，我是照您的交代填写湿洗的，没想到会……"客人更加气愤，打断她的话说："我明明告诉你要干洗，怎么硬说我要湿洗呢？"小江感到很委屈，说："先生，实在抱歉，可我确实……"客人气愤之极，抢过话头，大声嚷道："你真不讲理，我要向你上司投诉！"

客房部经理接到台湾客人的投诉——要求赔偿西装价格的一半2万日元时，吃了一惊，立刻找到小江了解事情原委，但究竟是交代干洗还是湿洗，双方各执一词，无法查证，经理十分为难，感到问题的严重，便向主持工作的常务副总经理做了汇报。常务副总也感棘手，便召集酒店领导反复研究，考虑到这家台湾公司在酒店有一批长住客，尽管客人索取的赔款大大超出了酒店规定的赔偿标准，但为了彻底平息这场风波，稳住这批长住客，最后他们还是接受了客人过分的要求，赔偿2万日元，并留下这套西装。

案例评析

本案例投诉的产生酒店一方应负主要责任。问题主要存在如下两个方面：

（1）服务员小江的错误。洗衣服务注意事项中特别强调接收送洗衣物时，洗衣单应由客人自己填写并签名。如果客人让服务员帮助填写单子，应由客人签名确认，然而本案例中服务员小江爽快地答应了台湾客人要求服务员代填洗衣单的请求，对于洗涤方式也按她所领会的客人的意思，帮客人在洗衣单湿洗一栏中做了记号，然后将西装和单子送进洗衣房，整个过程都没有让客人签字。很明显这违背了送洗客衣的程序要求，一旦出现问题，送洗服务员肯定要负责的。

（2）洗衣房员工的业务素质比较差。在整个案例中，导致差错的重要原因是恰巧接手的洗衣工是刚进洗衣房工作不久的新员工，她对业务非常不熟悉，没有发现湿洗名贵西服是极不正常的情况，工作也不够细致周到，没有再次征询客人洗涤方式的意见，而是她不假思索地按单上的要求对这件名贵西装进行了湿洗，导致客人的西装口袋盖背面出现了一点破损。

当然本案例由于客人是长包房客，是酒店的长期客户，为了稳住客源，本着"客人

[①] 范运铭：《客房服务与管理案例选析》，旅游教育出版社2000年版，第150~151页。

永远是对的"的原则,酒店领导同意了客人提出的巨额赔款要求。但酒店从业者一定要从中吸取教训,注意加强服务程序的培训,否则酒店服务管理的漏洞会越来越大。

讨论与作业

1. 对于客人的加急洗衣要求,酒店该如何处理?
2. 洗衣服务有几种类型?在本案例中,当不确定洗涤方式时,酒店该如何处理?

第五节 客房服务品质提升案例

客房服务质量的高低直接影响到客人的感受和酒店的形象。客人入住期间没有不满意不等于满意,只有在标准化的基础上,根据客人需要提供个性化的优质服务才能超越客人的期望,让客人满意、惊喜甚至感动。客房服务应从细节着手,从小事做起,学会换位思考,站在客人的立场考虑问题,才能感动宾客。

案例 7-9

一封充满真情的信[①]

12月的某一天,客房清扫服务员左阿姨像往常一样去1031房间打扫。左阿姨按正常程序敲门,向客人问好并询问是否可以打扫房间,经过客人同意后,左阿姨进入房间开始打扫。客人准备出门时,边穿外套边用不太流利的中文向左阿姨说道:"明天我就要回国了,在酒店住了这么久,非常感谢你每天把我的房间打扫得这么干净,明年我还会再来你们酒店的。"左阿姨向客人表示这都是自己应该做的。客人出去后,左阿姨继续打扫,这时,她想:"这位客人在这里住了这么久,明天就要回国了,总觉得心里有些舍不得,要不我送他点儿小的纪念品吧,嗯……不行,好像这样没什么新意,要不给他做点什么事,不过以前给他洗过几次衣服、刷过几次剃须刀,最好能与客人多一些情感交流,那样的话客人住在这里就会感觉到如家庭般的温馨、如家人般的亲情。"

于是左阿姨到书桌上拿起纸笔给客人写了一封信:"尊敬的小川先生,在您入住的这一个多月来,我的服务有许多不同之处,但始终得到了您的理解,对此向您表示感谢!现在得知您即将离开本店,真有些不舍,但知道您明年还会来入住,我感到非常高兴,期待您的再次光临!"信写好后,左阿姨把信放在桌上,打扫完房间后退出了房门。

客人回到房间后,像往常一样坐到椅子上打开电视,当客人把遥控器放到桌上时发现了留言,客人拿起来看了好久,因看不懂中文而皱起了眉头,片刻后客人打电话到房务中心说:"我桌上有一封信,写的是中文,我不能完全看懂写的是什么,能否请人帮我翻译一下?"房务中心马上找了一位懂日语的服务员前去帮客人翻译,服务员一字一

[①] 邢夫敏:《现代酒店管理与服务案例》,北京大学出版社2012年版,第84~85页。

句地翻译给客人听。客人听完后用异常激动的声音说:"我能见一见这位左小姐吗?住在这里一个多月,非常感谢她对我家人般的照顾,我很想见一下她。"服务员表示可以帮其联系一下,客人非常高兴。

第二天早上,服务员带着左阿姨来到客人的房间,当客人看到左阿姨时一脸惊喜,说道:"原来就是你呀,非常感谢你这段时间对我的照顾,你时常在我忙碌的时候给我洗我来不及洗的衣服,每次我用过的剃须刀你也都给我刷得干干净净,住在酒店我感觉好像住在家里一样,真的非常感谢你。"客人紧紧地握住左阿姨的手,这时他感觉到左阿姨的手有些粗糙,便转身从自己的行李包中拿出一支护手霜,说:"刚刚握你的手的时候感觉到你的手很干,看到有些地方也开裂了,这支护手霜送给你。"左阿姨因推辞不掉接过了护手霜,并向客人表示感谢。这时,客人表示想和左阿姨合影,在征得左阿姨的同意后,客人便与左阿姨在迎宾楼前面留了影。

案例评析

本案例给我们描绘了一幅温情的画面,服务者与接受服务者俨然更像亲人。的确客人在酒店住的时间长了,与服务者就有了情感;员工为客人服务时间长了,也就形成了习惯。客人即将离开酒店,无论是客人自己还是酒店员工都会有些不舍。

酒店员工左阿姨真正把客人当成亲人,给予了客人无微不至的照顾:时常在客人忙碌的时候洗客人来不及洗的衣服,每次客人用过的剃须刀左阿姨也都给客人刷得干干净净……这一幕幕情景始终萦绕在客人的脑海,在这种真情服务中客人感受到了家的温馨,试想这样的高品质服务,客人怎不会成为酒店的回头客!

酒店出售的是服务,这种服务带给客人更多的是一种情感体验,因此服务中酒店更应该关注顾客的情绪,这是酒店个性化服务的基础。本案例中左阿姨体贴周到的服务以及写给客人的这封充满真情的信,恰恰带给了客人一种愉悦的情感体验,让客人感动万分,从而像亲人一样当发现左阿姨的手有些粗糙时便送给左阿姨一支护手霜,一个服务员,一个外国客人,左阿姨与客人不是亲人更似亲人!

讨论与作业

1. 本案例中左阿姨的做法给酒店管理者的启示有哪些?
2. 如何提升客房服务品质?

案例 7-10

荞麦枕头[①]

2001年夏天,一位重要客人下榻福建沿海某一城市的一家四星级酒店。酒店领导自然十分重视,公关销售部更是费心搜集这位 VIP 的个性消费资料。

[①] 《个性化服务案例:荞麦枕头》,职业餐饮网,2007 年 6 月 4 日,http://www.canyin168.com/glyy/kfgl/kfal/200706/6791.html。

当随行秘书提出酒店是否有荞麦枕头时，酒店客房部经理小王不免暗暗吃惊。据他所知山东人有睡荞麦枕头的习惯，而福建根本没有这种枕头。怎么办？小王急忙向总经理汇报此事。

酒店总经理想起当地一家酒店用品公司，也许该公司见多识广，了解货源渠道，就急忙与该公司总经理联系。事也凑巧，该公司老总正在北方出差，就答应立即捎上两个荞麦枕头回福建。

当这位客人的床上摆放着荞麦枕头时，也许他还以为是办事周到的秘书特意为他带来的呢。

事后，几位管理人员试用了这种枕头，发现这种枕头虽然硬实而且沉甸甸的，但头部枕靠在上面确实服帖而且不轻易移位，感觉十分的好。于是又少量地进了一批这种枕头，与软枕头搭配，先在几个楼层试用。经征求许多客人意见，都反映良好，他们决定日后继续购进一批投放到客房里。

案例评析

本案例是一个典型的个性化服务案例。在此案例中这位重要客人爱睡荞麦枕头，这是一种个性化需求，虽然酒店根本没有这种枕头，但作为一个四星级的酒店，同时高级将领也是酒店的 VIP 客户，因此酒店公关销售部、酒店客房部经理小王、酒店总经理等都积极想办法，最终通过当地一家酒店用品公司的老总将两个荞麦枕头带回了酒店，满足了这位重要客人的个性化消费需求。不仅如此，更难能可贵的是服务的延伸，把这种少数人的喜好产品推而广之，为酒店发展提供一种"人无我有"的特色产品，利用差异化竞争提高酒店的竞争力。

通过此案例我们可以得知，酒店从业者更要清楚规范化服务是酒店管理和服务的基础，但个性化服务才是对规范化服务的提升，是"以客人为本"的体现，如果我们的服务都能以标准化、规范化服务为基础，根据不同客人的不同消费需求和喜好提供更加个性化的服务，那么呈现给客人的必将是一席优质服务的盛宴。

讨论与作业

1. 评价本例中管理人员的做法。
2. 个性化服务和规范化服务的关系是怎样的？如何提供个性化服务？

第八章 餐饮服务与管理

本章导读

  随着社会经济的快速发展、人民生活质量和水平的不断提升以及现代旅游业发展的推动,人们对于吃的感受和探索,已经不止于果腹和品味,更多地赋予了"吃"丰富多彩的体验内涵,即"吃环境、吃服务、吃文化、吃健康"等。在这一背景下,餐饮业呈现出高速增长和多元发展的势头。居民餐饮消费在生活支出中的比重逐年增加,消费需求不断呈现多样化和个性化,加之全球各国知名餐饮企业在中国餐饮市场的涌进和资本注入,我国餐饮业无论从经营理念、服务质量标准、文化氛围,还是饮食结构、从业人员素质等方面都面临着全新的挑战。

  餐饮企业的经营形式多种多样,包括高档酒楼、旅游饭店、酒店餐厅、西餐厅、家庭餐馆、快餐店、火锅店、食街排档和小吃摊、团体供餐机构、饮品店、茶餐厅等,不同的经营形式对餐厅的装修设计、员工素质、管理水平有不同的要求。而餐饮部作为现代饭店的重要组成部分,在饭店中具有重要地位与作用,主要体现为餐饮收入是饭店收入的重要组成部分、餐饮部是满足旅游者需求的主要服务部门、餐饮部是饭店市场营销活动的重要参与部门、餐饮服务质量直接影响饭店的声誉和形象。餐饮部在饭店经营中的主要任务是为宾客提供优质的餐饮产品、为宾客提供舒适满意的餐饮服务和搞好经营管理工作。

  餐厅是饭店向宾客提供餐饮产品及服务的场所,也是饭店餐饮经营活动的集中体现。服务管理是餐饮管理体系的重要组成部分,也是餐饮管理最重要的任务。因此,餐厅服务管理水平的高低,不仅决定了饭店对宾客在餐饮需求方面的满足程度和服务水平,而且直接反映了饭店餐饮管理的水平和效率。

  有效的餐饮服务质量控制应做好建立合理的服务规程、了解收集各种服务质量信息和认真抓好员工的培训工作三项准备工作。同时要根据餐饮服务的三个阶段,即准备阶段、执行阶段和结束阶段,进行餐饮服务质量的控制。通常在开餐前做好一切相应的管理,防止在开餐过程中发生偏差进行预先控制;现场监督正在进行的餐饮服务,使其规范化、程序化,迅速妥善处理意外事件等并进行现场控制;通过内部系统和外部系统质量信息的反馈，找出服务工作在准备阶段和执行阶段的不足，采取措施进行反馈控制，最终达到提高服务质量、增加宾客满意度的目标。

第一节 餐前准备案例

餐前准备工作是指餐厅服务人员在餐厅开门营业前，客人还未到来时，按照服务程序以及要求完成的一系列准备工作，是一天服务工作的开始，也是之后服务工作成败的关键因素。因此，做好餐前准备工作尤为重要。餐前准备工作主要包括以下五个方面[①]。

一、员工准备工作

（一）仪容仪表准备工作

餐饮服务员仪容仪表总的要求是端庄典雅、美观、落落大方、精神振作，给人以亲切感。具体表现为以下几点：

（1）餐厅服务人员在上岗之前按照餐饮企业规定穿着干净整洁的工作服，佩戴工号牌，口腔不能有异味，不吃刺激性食物等。

（2）女服务员发不过肩，长发按照要求盘发并佩戴发饰，男服务员头发长度不超过发际线，头发除黑色外不允许染色，不准涂抹有色指甲油。

（3）女服务员不浓妆艳抹，但必须化淡妆；一般不允许佩戴饰品，如遇特殊情况则要求以简单大方为宜。

（4）面带微笑，精神饱满，注意力集中。

（二）心理准备

1. 吃苦耐劳的准备

由于餐厅就餐的宾客很多，一天的工作量较大，作为服务人员来说比较辛苦，在体力方面压力较大，因此服务员要做好不怕苦、不怕累的心理准备。

2. 灵活处理意外情况的准备

就餐的宾客来自五湖四海，由于年龄、职业、性格、身份等不同，对服务的标准与要求也有所不同，要求服务员在为其提供服务时必须做到认真、仔细、周到、耐心，眼观六路、耳听八方；同时应做到遇见突发事件不慌张，能够冷静对待与处理，保证服务工作的顺利进行，并提供优质的服务。

---

① 李晓冬：《餐饮服务与管理》，中国人民大学出版社2017年版，第64页。

二、任务分配工作

任务分配即是餐厅将所有餐台按照一定的规律划分为几个服务区域的过程。理想的分配结果是就座客人的数量相同、服务员到厨房和餐具柜的距离相同、座位的受欢迎程度大致相同。这项工作一般是在服务员签到后进行。

（一）任务分配方法

为了方便，餐厅经理经常会采取给餐桌编号的形式，将一组编号的餐桌固定设为一个区域，然后再按照区域分配给服务员。常见的餐厅任务分配方法有两种：一种是服务员从告示栏得知具体的任务分配工作以及操作规范与标准；另一种是餐厅管理人员通过例会形式向服务员特别交代。

（二）任务分配的内容

（1）根据当天的工作任务分配服务区域。
（2）根据当天的工作任务分配每一位服务员的工作任务。
（3）根据当天的工作任务了解所负责区域餐位的预定情况。如果预定，应了解客人是否有特别要求，并放置预留卡；了解本区域内是否有重要宾客，如有应按照餐厅要求做好准备工作。

三、环境准备工作

（一）卫生清洁整理工作

（1）地面的清扫，门窗玻璃、楼梯扶手，以及装饰物等的擦拭。
（2）餐桌、餐椅的擦拭与工作台的抹尘、整理。
（3）棉织品的检查与更换。

（二）设施设备的准备工作

（1）主要包括餐厅内灯光与音响的检查与调试。
（2）餐桌、餐椅的检查与更换。
（3）装饰物的检查、添置等。

（三）物品准备工作

（1）根据当天的接待任务，服务员应对所需骨碟、汤勺、汤碗等餐具，餐巾、台布、调料瓶、花瓶、水杯、酒杯等物品和器具进行检查，干净无破损后摆放于备餐柜备用。

（2）快速、准确地准备好各种型号的托盘、开瓶工具、冰桶和冰块夹、毛巾夹、餐巾等服务用品。

（3）准备好可根据宾客要求提供的茶叶、酒水、饮料、冰块等，检查酒水饮料的质量，发现问题及时更换。

（4）准备好餐厅最新的菜单供宾客点菜，要求菜单干净无破损。

四、熟悉菜单工作

服务人员对餐厅菜单是否熟悉，直接影响着服务质量与经营效果。几乎所有的餐厅在培训服务员时，都会将菜单的培训列入培训项目中，并且非常重视。服务员在开始为客服务前，主要应熟悉菜单以下方面信息：

1. 了解菜单的变化

餐厅的服务人员在为客人提供服务前要准确了解菜单的具体变化情况以及实际可供应的菜品。餐厅的菜单制作完成后不是一成不变的，因为季节的变换、原料的供应、成本的增加、菜品的推陈出新等因素，有些餐厅没有来得及更换新的菜单。通过提前了解菜单的变换，可以避免给服务工作以及宾客就餐造成不必要的麻烦。

2. 知晓菜单的种类

一些餐厅的菜单分为很多种，如从菜单的种类来讲，可以分为儿童菜单、情侣菜单、甜品菜单、饮品菜单等；从烹调方法来讲，可以分为火锅菜单、锅仔菜单等；从价格方面来讲，可以分为精美菜肴菜单、家庭套餐等。

3. 熟悉菜单的内容

餐厅菜单所列菜肴品种丰富、样式繁多，服务员应提前熟悉菜品的排列次序和品种类型，特别是餐厅当日特色菜的供应情况。只有熟悉掌握了菜单的准确内容后，服务员才能根据点菜者以及用餐者的年龄、口味等要求进行适当的推荐、参谋，以此增加宾客的满意度，从而提高餐厅的服务质量。

4. 熟悉菜肴的烹调方法

为宾客提供点餐服务时，客人经常会询问一道菜的制作方法、所需时间、选用的原料等问题。作为服务员，要虚心学习，了解菜肴的基本内容，以利于向宾客推销和回答他们的询问。这样，不仅能够使宾客吃到自己喜欢的菜肴，同时还可以提高餐厅的经济效益。

五、餐前短会

当服务员将所有准备工作就绪后，餐厅就会以整洁、干净、舒适的就餐环境迎接宾客的到来。此时，还需要餐厅经理、主管或其他相关负责人主持召开一场简短明了的餐前会，再一次确保服务工作的顺利开展。有些餐厅也会把餐前短会放在餐前准备环节的第一步进行，便于任务区域的划分。餐前短会的具体内容有以下几点：

（1）认真检查服务员仪容仪表、精神状态是否达到餐厅规定的要求与标准。

（2）再一次说明当天工作的注意事项，要特别强调工作中特殊的安排与要求。

（3）将提前预定客人的一些已知情况和特殊要求告知服务员，使服务员做到心中有数，做到有针对性的服务，从而提高服务质量。

（4）通过餐前短会，使服务员在意识上进入工作状态，能够尽快全身心地投入到工作中去，尽可能地避免出现失误。

案例 8-1

传说中的海底捞[①]

火锅是中国民间最为流行的美食之一，在任何一座城市经营火锅店都非易事，在中国创造一个火锅品牌更是充满挑战。1994 年在四川简阳起步的海底捞火锅不过是 4 张餐桌的小店。15 年后，它已经在北京、上海、西安、郑州等地拥有 36 家分店，成为全国知名火锅品牌之一。

凡来过海底捞的人，恐怕都很难不对细致入微的服务留下强烈的印象，有人夸张地称之为"变态伺候"：顾客入座后，立马会送上绑头发用的皮筋、围裙、手机套，就餐期间会有服务员不时递上热毛巾。更深的感触是服务员个个精神饱满，他们的快乐感染了每位顾客。在"大众点评网"上，很多顾客对这种贴心服务感到"受宠若惊"，感慨"终于找到了做上帝的感觉"。

到目前为止，海底捞的创业历程无疑是一个成功的商业故事，在餐饮业中，火锅是对食物烹调要求相对较低的一种。缺乏差异化导致火锅业竞争异常激烈，经营者往往会尽量降低运营成本而与竞争对手区分，但这些途径很快就会被整个行业复制，甚至包括曾经被披露的反复使用锅底等行业黑幕。海底捞的菜品在顾客中以干净、新鲜以及分量适宜而著称。结合他们的超品质服务，我们不免好奇海底捞的利润如何，又来自哪里？

也许正如海底捞自己的广告语："好火锅自己会说话"，它每年 3 亿元的营业额来自这些表象下面埋藏着的未知的内在驱动力。

案例评析

美味的菜品和不可替代的人性化服务是海底捞餐厅最令顾客满意的。海底捞有一整套先进的清洗、检验、冷藏或者冷冻设备，并组成了严格标准化的生产链条。除此之外，海底捞后台配送中心与前台各分店餐厅的合作流程也已经高度标准化。专业的后台支持使门店后厨工作量减到最少，不仅最大化实际营业面积，还保证了员工能够将足够的精力投入对顾客的直接服务中，这并不是件容易的事，但恰恰激发了员工的创造性和

[①] 黄铁鹰：《海底捞你学不会》，中信出版社 2015 年版，第 1～217 页。

热情度。管理的科学化和服务的精细化将成为今后餐饮业发展的主要方向。

讨论与作业

1. 你熟悉的火锅连锁品牌有哪些?
2. 谈谈你对海底捞火锅品牌成功运作的看法与认识?

案例 8-2

日本爱丽丝主题餐厅[①]

这家主题餐厅的设计以经典的英国童话故事——《爱丽丝梦游仙境》为蓝本,选取其中多个奇幻场景在约228平方米的空间加以重现,可谓趣味横生。《爱丽丝梦游仙境》是英国作家路易斯·卡罗尔出版于1865年的著名童话故事,叙述了一个名叫爱丽丝的小女孩从兔子洞进入一个神奇国度,遇到许多会讲话的生物以及像人一般活动的纸牌,最后发现原来是一场梦。餐厅的设计灵感就来源于此。

当顾客进入餐厅,首先映入眼帘的是超大号的"书"。它是一个书形模具,或横放堆叠,或竖放罗列。这些比人还要高的书籍,挑战着人们对书籍的传统印象,在它们的面前,人仿佛成为吃到仙境食物的爱丽丝,被魔法附身而变小了,营造出童话般的气息。在用餐空间中,呈现了不同类型的餐位:四人台、多人餐桌、半封闭四人隔间和隐私性更强的私人包间。精心布置的餐台在色彩、布景和配饰上赋予不同的主题。如充满绿色植被的半封闭四人隔间,隔间上方"种植"统一的、简单几何形状的绿色树,而在绿格子后方就是红桃王后的"纸牌世界"了。此外,私人包房则以红黑色调为主,餐桌、背景墙和吊灯上都印有魔法纸牌的图库。

最引人注目的,当属以"疯狂哈特的饮茶派对"(mad hatter's tea party)为主要场景的主用餐区。餐桌和餐椅都使用不同的造型,带给人无限的惊喜。位于区域中心的"心形餐桌"上方的吊灯也全部由红色的心形卡片装饰。最内侧的一排,墙上绘有爱丽丝会见红桃女王的情形,再搭配粉色座椅,深得女孩喜爱。总之,新奇、惊喜和快乐的氛围,正是这家奇幻主题餐厅的意义所在。

案例评析

随着社会经济发展和人民消费水平的提升,人们对于餐饮消费的需求也在发生巨大的变化。对于餐品种类的丰富性和创新性、餐饮服务的周到性与个性化、就餐环境的舒适性与别致化等综合方面的要求越来越高。爱丽丝主题餐厅从硬件和软件入手,为顾客营造独特的就餐环境和体验,满足了顾客的猎奇心理,也形成了自身的特色,能够有效地开拓和占有目标市场。

[①] Katsunori Suzuki & Eiichi Maruyama Diamond Dining:《魔法国度——日本爱丽丝餐厅》,载于《现代装饰》2011年第9期。

讨论与作业

1. 结合案例和自身的就餐体验，谈谈你对主题餐厅的认识。
2. 作为消费者，影响你餐饮决策的因素有哪些？
3. 谈谈你对餐前准备工作重要性的看法。

第二节　开餐服务案例

开餐服务是餐厅对客服务的关键环节，意味着餐厅对客服务的正式开始。整个过程包括热情迎宾、安排就座、落座服务、接受点菜、递送菜单、出菜等环节。

一、热情迎宾

迎宾是餐厅开餐后的第一项工作，通常由餐厅经理或专职引座员负责。迎宾制度的建立会使客人感到受欢迎，能对餐厅留下美好的第一印象。具体要求如下：

（1）在宾客到达餐厅之前，迎宾员应该站在门口等待宾客的到来。

（2）宾客到达后，热情礼貌地问候宾客："您好，欢迎您光临"，并将宾客引领入座。

（3）如果宾客有物品，要主动帮助提拿，行走的过程中步伐与宾客保持一致，遇到拐弯或台阶时，注意提醒宾客。

（4）宾客就座前，帮助将衣物挂好，注意保持衣物的平整，避免兜内物品滑落。如果有专门的衣帽间，尽量记住每一位宾客的衣物样式、颜色、宾客特征等，以备就餐结束后为宾客提供针对性的服务。

二、安排就座

无论是大型的星级酒店还是小型的餐饮机构，合理地安排宾客就座，首先会让宾客感觉餐厅服务规范、秩序井然有序，其次可以使餐厅将宾客的流量以及座次处于有效的控制范围之内。即使宾客选择自己挑选座位，引座员合理的建议也是非常有必要的。具体有以下几点需要注意。

（一）安排就座时要考虑是否有预定

引座员应询问宾客有无预定，如果客人有预定，应将客人带领到指定的座位；如果没有预定，应根据餐厅实际情况提供合理的建议，但尽量不要违背客人的意愿，真正满足宾客的需求才是最好的服务。

（二）安排客人的座位时应注意灵活和合理搭配

（1）为老年宾客和残疾人宾客安排就座时，应该尽量安排在安静、舒适、离餐厅门口较近的地方，这样就可使他们减少行走，尽快就座得到休息。

（2）为带有小孩的宾客安排就座时，尽量安排在餐厅安静、宽阔的地方，因为小孩比较好动，这样可以使他们有相对较大的活动空间；同时为年龄较小的儿童及时提供儿童座椅。

（3）将过生日、聚会或其他比较吵闹的宾客安排在僻静的地方，以免影响其他宾客就餐。

（4）年轻的情侣应被安排到安静、容易观赏优美景色的角落或窗边的餐桌。

（5）服饰漂亮的客人应安排在餐厅的中心位置，起到引人注目、渲染餐厅气氛的作用。

（三）注重候餐客人的安排

有时，由于餐厅就餐人数较多，一些客人需要排队等候餐位，餐厅需要做好登记先后次序的工作，一旦有空余餐位，根据次序安排宾客用餐。对于等候餐位的宾客，服务员应安排其在一旁就座并提供茶水服务，或先让客人翻看菜谱，这样可以节省点菜时间，方便宾客尽快用餐。如果客人等候时间确实太长，引座员应善意地征求客人意见，或推荐客人到附近餐厅就餐。

三、落座服务

（1）引领员将宾客引领至餐台时，主动为客人拉椅让座，服务中应遵循女士优先、特殊人群优先的原则。

（2）宾客落座后，引领员离开，服务员为宾客将餐巾打开置于餐碟下，按照先宾后主、先女后男的顺序依次为宾客递送香巾和斟倒第一杯茶水。

（3）详细询问宾客就餐人数，根据人数及时增减餐具、用具。

（4）将餐桌装饰物、席位卡撤下，放于工作台上。

（5）如果有宾客还未到来，服务员斟倒好第一杯茶水，递上菜单和酒水单，让宾客浏览，服务员退出，站在门口随时准备提供服务。

四、接受点菜

（1）点菜时，服务员将菜单双手递给宾客，为主人或是主人指定的其他宾客提供点菜服务。

（2）服务员端正地站在宾客的左侧，身体前倾弯腰，认真倾听宾客的点菜要求与询问。使用点菜器（PDA）进行点菜时，要注意及时、正确地输入菜名；使用点菜单进行点菜时，要注意记录清楚、书写工整。无论使用哪种方法点菜，一定要做到规范的操作，这样不仅有利于厨师正确配菜炒菜，同时也可以保证宾客吃到自己喜欢的菜肴。

（3）点菜过程中，服务员要主动为宾客推荐特色菜肴，但要尊重宾客自己的意愿。

（4）对于宾客的特别交代，如少放辣椒、不加酱油等情况要仔细记录清楚。

（5）回答宾客有关询问时，一定要实事求是，不能含糊不清。实在不清楚时，请客稍等，待问清楚后再回答客人，不要不了了之或胡乱回答，给宾客带来被欺骗的感觉。

（6）对于一些拿不定主意的宾客，服务员要做到耐心，直至宾客点到自己满意的菜肴为止。

（7）点菜结束后，服务员要向宾客复述所点菜肴以及特殊要求，待宾客确认准确无误后，及时将点菜单送至厨房并请客人稍等。

五、递送点菜单进厨房

（1）服务员点好菜后，经收银员确认，应立即将点菜单中的一联送进厨房交给厨师长，厨师长根据点菜的先后顺序为宾客安排配置原料，并安排厨师进行烹饪。

（2）无论是以哪种点菜方式点菜，都需要服务员再次将点菜单上宾客的特殊要求与特别交代的问题与厨师长进行沟通，确保顺利、准确上菜。

（3）递送点菜单后，服务员应立即返回餐厅，为宾客补斟茶水，并再次请宾客稍等。

案例 8-3

不合格的点菜服务[①]

两位客人在一只小方桌前坐下。服务员递上菜谱，客人开始点菜："先来冷盆。这'家乡咸鸡'是什么鸡做的？是农民喂养的草鸡，还是饲养场买来的肉用鸡？""不知道，我没吃过。"服务员老老实实地回答。"'佛跳墙'是什么菜？怎么那么贵？"客人指着菜谱问道。"好的东西都放在瓦罐里煲，很鲜的。"服务员总算比较含糊地回答了问题。"那海鲜'佛跳墙'与'迷你佛跳墙'有什么区别？"客人要有所选择。服务员嗫嚅了。客人不悦地对服务员说："算了，算了，你讲不清楚，我们也怕白花冤枉钱，那就点别的菜吧。""再来两碗小刀切面，不要汤水，有什么调料？"服务员借机推销："我店新推出的 X.O. 酱，味道很好。""X.O. 不是酒吗？怎么变成了酱？"客人感到新

[①] 餐饮部：《酒店餐饮服务案例》，职业餐饮网，2006 年 11 月 13 日，http：//www.canyin168.com/glyy/cygl/cyal/200611/2786.html。

奇。"这是新产品,您可以试试。"服务员对客人循循善诱。客人还是打破砂锅问到底:"X.O酱是什么玩意儿?""当然是用X.O酒配制成的咯!"服务员胡诌一气。待酱端上来,客人一看,有红油有辣子,不吃了。他训斥服务员:"根本没有X.O酒,我不吃辣的,退掉。"服务员态度还算好,颇有几分冤屈:"我从来也没吃过,怎么知道是什么味。"

最后客人还要上些水果,菜牌上有新奇士橙和新会橙两种,但价格差别很大。客人又提出疑问。服务员答道:"'新奇士'是进口的,新会橙是国产的。""进口的?哪国进口的?进口也不该那么贵!"显然,服务员简单的回答并没有说服客人。"那还是吃西瓜吧。西瓜总不会进口的,免得被宰。"由于不放心,客人改变了主意。

案例评析

餐饮服务是一个有着内在联系的综合性服务过程。餐厅的建筑类型、装修风格、硬件配套等所营造的就餐氛围会影响到客人的决策,而门迎、点菜、传菜等直接对客的餐厅服务人员的综合素养更会影响客人的就餐感受。

案例中点菜服务员与客人的沟通对话,反映出该饭店在经营过程中的不足。一方面,厨务部进行的菜品研发、具体菜肴制作工艺、菜肴的食用功效及寓意等未能向客人进行有效展示;另一方面,餐厅服务人员对服务项目各环节未能进行深入了解和提前准备。

解决该问题可以从餐饮部的培训管理入手。要树立全员、全过程的服务意识,让全体餐饮部的工作人员深刻体会到各环节是相互影响、彼此支撑的过程。菜品是客人进行餐饮消费的核心产品,而有形展示则是令顾客满意的必要环节。因此,在岗前培训和备餐环节,厨务部须将菜品研发、原料加工、功效体现、盛盘器皿选择等环节的考虑向全体餐饮人员进行呈现;餐厅点菜人员除掌握菜肴色泽、食材、分量搭配技巧外,更需要了解菜谱中各道菜品制作工艺、原料等细节,若能对菜肴的功效及寓意进行呈现,将会锦上添花提升顾客的满意度。

讨论与作业

1. 开餐服务的流程包括哪些环节?
2. 结合案例,谈谈你对点菜服务重要性及技巧的认识。

案例8-4

重复的预订[①]

一个晚上,酒店中餐厅客人络绎不绝,餐厅引领员忙着迎来送去,满头大汗。这时6位香港客人在一位小姐的引导下来到了二楼中餐厅。引领员马上迎了过去,满面笑容地说:"欢迎光临,请问小姐贵姓?"这位小姐边走边说:"我姓王。""王小姐,请问您

[①] 培训部:《餐饮服务案例36则:是谁带错了厅房》,职业餐饮网,2012年11月25日,http://www.canyin168.com/glyy/cygl/cyal/201211/48454.html。

有没有预订？""当然了，我们上午就电话预订好了牡丹厅。"引领员马上查看宾客预订单，发现确实有一位姓王的小姐在上午预订了"牡丹厅"，于是就迅速把这批客人带进了"牡丹厅"。

过了半个小时，餐厅门口又来了一批人，共有12位客人，当领队的王小姐报出自己昨天已经预订了"牡丹厅"时，餐厅引领员发现出了问题，马上查阅预订记录，才发现原来今晚有两位王姓小姐都预订了厅房，而引领员在忙乱中将两组客人安排进了同一间厅房。餐厅引领员为了补救，立即就把客人带到了"紫荆厅"，客人进房一看更加不满意了。王小姐满脸不高兴地说："我们预定的是一张12人台，这是一张10人台的厅房，我们12个人怎么坐得下？"王小姐不耐烦地径直走到"牡丹厅"一看，里面的客人已经开席了，12人台只坐了7个人，咨客看了看这么多的客人，为这不恰当的安排而再次赔礼道歉，但是这12位客人仍然怎么也不愿意坐进这间10人厅房。"你们这么大的酒店，居然连预订都会搞错，还开什么餐厅！同意了我的预订就要兑现，我就要去'牡丹厅'，其他的厅房我都不去！今天我的客户很重要，这样让我多没面子，把你们的经理找来！"王小姐突然生起气来。"十分抱歉，这是我们的工作失误，这几天预订厅房的客人特别多，我们弄乱了，请你们先进房间入座，我们马上给你们加位好吗？"餐厅经理急忙过来好言好语地解释。"我们这么多人坐得如此拥挤，让我多没面子！好像我宴请朋友非常小气一样。""对不起，这是我们的错误，今天客人太多，请多多原谅。"看着这群客人进了紫荆厅房，经理和引领员才松了一口气，但看到这群客人坐得那么拥挤，引领员心里又过意不去，这正是因为自己工作失误带来的错误。

案例评析

案例中出现的现象，主要是由于预订环节的工作人员疏忽、重复预订而造成的，在为客人预订时应将客人姓氏和联系电话记下并核实，为后续客人抵店消费的正确引领奠定基础。但同时，引领员也有不可推卸的责任。引领员对各厅房的容量、消费规格等细节应是最为熟知的，当第一位王姓女士7人到达后就应该建议其更换小包间，这样就餐体验会更好，然而由于就餐高峰期工作量大再次疏忽，未能根据宾客数量进行相应规格厅房的分派，错失了最佳补救机会。以至于第二位王姓女士12人抵店后才发现失误，出现驳顾客面子、餐位不足无法满足顾客的实际就餐需要的情形。

讨论与作业

1. 餐厅应该如何解决此问题？
2. 餐厅应该如何避免此类事件的再次发生？

第三节　就餐服务案例

就餐服务也称台面服务，是指服务员在规定时间内将宾客所点的菜肴、食品与饮料送到桌面，并在整个就餐过程中提供标准化、规范化的服务，随时为客人解决突发事件的服务过程。就餐服务环节包括准备饮料酒水、出菜服务、上菜服务、席间服务、特殊情况的处理等。

一、准备饮料酒水

（一）准备酒水酒具

递送完点菜单后，服务员回到餐厅，为客人准备所点酒水。根据酒水的特点与宾客要求，配备相应的酒杯，需要加热与降温的酒水应提前做好准备工作。

（二）斟倒酒水

如果宾客没有特殊要求，一般在第一道菜肴上桌之前，服务员将酒水斟好，斟酒方法按照斟酒的具体要求进行操作。

二、出菜服务

为了避免发生事故，很多厨房都设置进、出两扇门，传菜员在出菜时应遵循以下要求：
（1）认真核对菜肴，避免错拿其他客人的菜肴。
（2）检查菜品是否摆放整齐、装饰是否美观。
（3）菜肴应平衡地摆放在托盘上，按照托盘的具体要求，送到餐厅。
（4）行走过程中注意保持平衡，以免发生意外。

三、上菜服务

（一）上菜时机

（1）根据宾客点菜时间、厨房闲忙程度和菜品制作是否复杂，及时与厨房沟通，掌握上菜时机，必要时进行催菜，以免宾客等得太久而产生不满的情绪。
（2）上菜时，一般从副主人位置旁边进行，或根据餐厅的实际位置而决定。
（3）先将冷菜按照要求上桌，与主人及时沟通，询问宾客是否到齐，确定热菜上桌的时间。
（4）有时也会出现由于其他宾客较少，厨房出菜较快，冷热菜肴上桌的先后顺序之间没有间隔而导致客人没有时间品尝冷菜，或觉得服务存在问题等现象。此种情况下，就需要服务员与厨房及时沟通，控制出菜的速度。
（5）在主人讲话的时候或其他宾客敬酒的时候，不要上菜，即使已经出菜，也要将菜品放置工作台上，待讲话敬酒后立即上桌。

（6）如果是多桌宴会，上菜的速度应该以主桌为准，跟随主桌上菜，全场做到统一。

（二）上菜顺序

如果没有特殊情况或主人没有特别的交代，一般按以下顺序上菜：

（1）中餐：冷盘、热盘、汤、主食、甜点、水果。

（2）西餐：开胃品、汤、副菜、主菜、主食、色拉、甜品。

（三）上菜方法

（1）上菜时要趁热，厨房出来的菜品要用不锈钢或其他材质的盖子盖好，等上菜时再取下，以保证菜肴的热度与口感。

（2）餐厅规定，上菜必须由盯台服务员将菜肴摆放至餐桌。因此，传菜员只要将菜送至餐桌旁即可，特殊情况下传菜员也可以将菜摆放在餐桌上，视情况而定。

（3）上菜时注意操作规范，选择合适的上菜位置，避免将菜肴的汤汁撒到宾客的身上。

（4）上菜时，将菜的种类、颜色、原料、形状以及器皿进行搭配摆放，每上一道新菜时，要转动转盘将新菜转至主宾与主人席位中间，菜肴的最佳观赏面朝向两位宾客。

（5）如果转盘外圈没有地方摆放新菜，可以将最先上的菜、已经吃掉一半的菜或不受宾客青睐的菜推入转盘的中间，少量的菜品装入小盘中重新上桌，也可以将所剩不多的菜肴分给宾客，但是分派时必须征得宾客的同意。

（6）每上一道新菜时要准确清晰地报出菜名，特殊菜肴还需要服务员介绍它的制作方法、典故以及吃法等。

（7）注意与菜肴配备的辅料、餐具、用具等要随着菜肴一起上桌。

（四）分菜服务

（1）需要进行分派的菜肴必须先向客人进行展示、介绍后再进行分菜操作，在尽短时间内完成操作，以免菜肴变凉；如果是多桌宴会，分菜的标准与方法应该一致。

（2）分菜时如果没有特殊要求，按照先宾后主、先女后男的顺序进行分菜；也可先给老人与小孩分派。

（3）分菜有两种方式，一种是备餐柜操作，此种方法用于较为复杂、需要切割、用时比较多的菜肴；另一种是餐桌上操作，此种方法适用于操作简单、用时比较短的菜肴。

（4）如果是配有佐料的菜肴，分菜时要蘸好佐料再分派给宾客，或者将佐料上桌，让宾客自己取用。

(5) 分菜时,服务员要把握好菜肴的总量,根据实际的宾客数量做到分派均匀,每一道菜分完后,盘中要求剩余1/10的菜肴,以此显示菜肴的分量实足,同时以备还有客人需要,及时添加。

(6) 分菜时,应将菜肴最可口的部分分派给重要的宾客或特殊人群,切忌将菜肴的头、尾、残骨、剩菜剩汤分派给宾客。

(7) 整个操作过程要求干净卫生,手法熟练,以免汤汁溅出,影响宾客就餐。

四、席间其他服务

(一) 补斟酒水、茶水服务

(1) 席间在提供其他服务的同时,要注意宾客饮酒的速度与频率,随时进行添加。

(2) 酒水即将饮用时,要主动与主人协商,是否需要添加或者开启,如果是多桌宴会是否需要酒水要与主办人协商,不可随便补充,并且应及时与收银员沟通,计入消费。

(3) 及时为宾客提供茶水服务,当茶水至1/3时应及时续添,当茶水变凉时及时为客人更换热的茶水。

(二) 撤换餐用具服务

(1) 一般宴会不必每道菜换一次餐盘,高档宴会就必须遵守每道菜换一次餐盘和酒具的原则。

(2) 当吃过甜食、鱼虾,味道特别、汤汁较浓烈的菜肴,或餐盘中残渣较多时,服务员需要立即更换餐盘。

(3) 上甜点与水果之前需要进行更换餐盘服务。

(4) 撤换餐盘时注意操作标准,不能越过宾客的头顶,以免将客人衣服弄脏,动作轻缓,以免打扰到客人。

(5) 由一种酒水更换为另一种酒水时需要更换酒杯。

(6) 一般要求烟灰缸内的烟头不得超过三个,否则就必须更换新的烟灰缸。

(7) 撤下的脏餐盘及时清理干净,不要堆放在工作台上,以免影响整体环境。

(三) 清理台面服务

(1) 随时观察餐桌上的具体情况,需要清理时要用专业的工具,不可以用手直接拿。

(2) 清理时注意操作方法,以免将残羹掉到宾客身上,弄脏宾客的衣服。

(3) 如果台布上有菜渍或其他污渍,影响美观,应该用干净的餐巾纸或口布将其盖住并铺设平整。

（四）添加用品服务

餐桌上的餐巾纸、火柴或其他物品，当使用完或宾客提出更换要求时应及时添加。

（五）更换香巾服务

（1）一般宴会使用的香巾都是一次性的，但是高档宴会用的香巾都是经过消毒的湿巾，在用餐过程中，服务员应派送三次，分别是开餐前、用餐中、用餐即将结束时。

（2）递送香巾，应该注意根据季节的变换来掌握香巾的温度，冬天采取加温、夏天采取冰镇的方法，或者可以根据宾客具体要求提供服务。

五、特殊情况处理

餐饮服务员的工作任务是努力使每一位就餐的客人用餐愉快、满意，但要做到这一点并不容易。服务员工作时会遇到形形色色的客人和各种各样的事情，面对每一种情况，服务员都应秉持诚恳的态度，用所掌握的服务方法最大限度地照顾客人。餐饮服务中遇到的特殊情况种类众多，常见的有以下几种。

（一）对年幼客人的接待

（1）对待年幼客人要耐心、愉快，最好提供儿童座椅，帮助其家长使小朋友坐得舒服，并且尽量不要让小朋友的座位靠近过道。

（2）在不明显的情况下，可把花瓶、糖罐等易碎物品移到小孩够不着的地方。

（3）尽量为小孩提供围兜、坐垫和餐厅提供的小礼品，以使其父母开心。

（4）如果小朋友在过道或其他公共区域玩耍打闹而影响了其他客人就餐，应向其父母建议，从孩子安全角度考虑，管理好小孩。

（5）注意各种风俗习惯，以及不要抱小孩、逗小孩或用手抚摸小孩的头，也不可给小孩吃东西或提供药品等。

（二）对醉酒客人的处理

（1）餐厅值班经理应先确定客人是否已经醉酒，再决定是否继续为其提供酒精饮料。

（2）如果客人确已喝醉，餐厅经理应该礼貌地告诉其陪同人员不可以再提供酒精饮料，同时安排醉酒客人到不打扰其他客人的靠近里面的席位或没有客人的雅间内休息。

（3）如果遇到客人呕吐或带来其他麻烦的情况，服务员应有耐心，迅速处理污物，不要抱怨。

（4）如果醉酒客人为本酒店住店客人，在无人搀扶不能回房的情况下，应通知保卫人员陪同客人回房间。如果客人不在酒店入住，也应交由保卫人员陪同客人离开。

（5）事故及处理结果应记录在餐厅工作日记上。

（三）对残疾客人的接待

服务员对残疾客人的帮助应该适度，避免因过分热情而被客人视为同情。

（1）对待坐轮椅就餐的客人，应将客人推到餐桌旁，尽量不要安排在过道边，客人的拐杖要放好。

（2）盲人就餐时，服务员要小心地移开桌上的用品，可适度帮助客人选择菜肴，待上菜完成后，要告诉客人放在什么地方。

（3）接待失聪的客人要学会使用简单手势示意，上菜和酒水时要轻轻地用手触碰客人，表示从哪边提供上菜服务。

（4）对在用餐中突然发病的客人要保持镇静，不可随便搬动，应马上通知医生和经理前来处理。

（四）对停电事故的处理

（1）服务员保持冷静，安抚客人情绪。餐厅经理尽快询问工程部或相关部门，查明原因。

（2）尽快了解恢复供电时间，然后决定是否停止营业或向上级汇报。

（3）向客人说明正在采取措施恢复供电，由此给客人带来的不便表示歉意。

（4）如果恢复时间很短，餐厅可继续营业，并尽快给各餐桌点上蜡烛。

（五）对衣冠不整客人的接待

（1）引座员或餐厅经理应向客人说明餐厅有关宾客衣着的规定，欢迎客人换好衣服后再次光临。

（2）感谢客人的理解与支持。

（3）如果客人仍感不满，服务员应请示上一级领导协助解决。

案例 8-5

热情周到 ≠ 服务质量好[1]

五月的一天晚上，三星级的深圳桃园酒店的餐厅来了 4 位熟客，看得出来他们是久未相见的老朋友。在点菜时，实习服务员小李很热心地向客人推荐餐厅特色菜茶花鸡，客人欣然接受，当茶花鸡上桌时，小李又热情地向客人介绍本餐厅其他特色食品，在座

---

[1] 《餐饮服务案例解析："投降"的客人》，职业餐饮网，2010 年 4 月 24 日，http://www.canyin168.com/glyy/cygl/cyal/201004/21231.html。

的客人非常满意小李的服务。在客人们津津有味地品尝茶花鸡时，小李看到客人的骨碟已满，就走近一位年轻人说："对不起，先生，给您换一下骨碟好吗？"此时客人右手正拿着一只鸡翅，见状忙侧身让开，为避免碰到小李，客人还把右手举过了肩膀，小李发现骨碟中还有一只鸡脚时，便提醒客人："先生，还有一只鸡脚呢！"客人又连忙用左手拿起那一只鸡脚，手拿鸡脚和鸡翅的客人为不影响小李更换骨碟而双手高举作投降状，一旁的年老客人看到后便打趣说："怎么，是不是喝不下酒向我投降啊？"客人一听，连忙自嘲说："我是向漂亮的服务员小姐投降，要说到喝酒，我哪会怕您。等小姐换好碟，我好好与你喝几杯。"等到小李换好骨碟，两位客人果真要比拼喝酒。当两人干完第一杯酒后正凑在一起说话时，小李过来说："对不起，先生，给您倒酒。"两位客人不约而同地向两边闪，小李麻利地为两人斟满酒，两人又干了一杯，然后又凑在一起说话，小李又不失时机地上前说："对不起，先生，给您斟酒。"此时的年轻客人突然对着小李大声怒吼道："没看到我们正说着话吗？你烦不烦啊。"服务员小李一脸的茫然，不知道该怎么办才好。

案例评析

随着国民经济水平的提升和居民消费能力的提高，餐饮消费中对餐厅服务水平的要求越来越高。顾客在餐饮选择时，会对就餐环境、氛围、服务细节等进行综合考量。案例中小李未能恰当选择更换骨碟和斟酒的时机，造成顾客为迎合她的细致服务多次取出骨碟内未用的菜品，出现"投降状"举动，甚至打扰客人的交谈沟通，引发顾客的不满。

餐饮企业为迎合顾客需求，制定严格的服务规程、进行规范化的服务培训，保证高质量的服务是必要的。但要始终秉承"以满足顾客体验需求"的原则，把握适度服务。该案例中实习服务员小李在点菜、餐间服务各环节都遵循了酒店的正常服务规程，却最终导致了客人的不悦，究其原因在于未能活学活用。

讨论与作业

谈谈你对遵循规范化服务流程的同时，如何兼顾客人个性化需求的认识？

案例 8-6

危险的操作[①]

某一高档餐厅，一桌吃火锅的客人正在用餐，看到锅下的火小了，就招呼服务员添加酒精，服务员走过来看到火好像是"灭"了，就直接把酒精倒在酒精炉里，结果火苗突然间一下就蹿了起来，客人吓得急忙跳开，险些把桌子翻了，服务员急忙拿湿毛巾压火，才把火熄灭。

案例评析

作为一名餐厅的服务人员，仅仅具备良好的服务意识是不够的，还应该掌握服务必

[①] 李勇平：《餐饮服务与管理（第四版）》，东北财经大学出版社2010年版，第31页。

须具备的基本技能与相应的服务经验,这样,才能够为宾客提供优质的服务,才能使宾客满意。

讨论与作业

1. 结合案例,谈谈你对饭店服务操作安全性的认识。
2. 添加酒精的正确方法是什么?

案例 8-7

传错的菜[①]

某酒店的宴会部由于同时接待两个规模比较大且标准比较高的婚宴,人手严重不足,于是提出申请从酒店其他部门临时调配人手。当各部门的人员到位后,都集中安排在备餐间负责传菜工作。但在传菜过程中,一名保安因没听清传菜要求,误将三楼的"香辣霸王肘"菜品全部传送至二楼,致使三楼后续菜品上传时间的间隔变长、整体上菜速度变慢,导致客人们意见很大。事件发生后,经理采取了及时有效的措施,没有造成客人更大的投诉,但是给部门造成了一定的损失。宴会结束后,部门当即召开了紧急会议,对事件进行了细致的分析,要求当事人写出书面经过,并对相关人员进行离店批评及处罚,要求在以后的工作中杜绝类似的事件再次发生。

案例评析

案例中的事件在酒店运营中并不罕见,尤其在酒店经营旺季或用餐高峰期。如何建立一套完整的传菜制度、简易操作流程和恰当的菜品分发提示,越来越受到酒店管理层的重视。案例中由于同时接待两个规模较大的婚宴,引发宴会部人手严重不足,于是临时从其他部门调配,且均集中于传菜环节。造成投诉事件发生的原因,一方面,宴会部门管理层未履行职责,没有对临时调配人员的核心工作要领进行集中培训,在备餐间噪音较大的影响下,出现传菜人员未听清上错菜的失误;另一方面,备餐间主管及领班未能加强对临时调配人员传菜环节的重视,未能有效采用菜品加标注方式,有效监管宴会菜品的制作、传送过程;同时,反映出各环节人员协作不力,盯台服务员也未在菜肴上桌之前进行仔细核对,未能进行及时补救。

讨论与作业

造成此类事件发生的原因是什么?

第四节 餐后服务案例

餐后服务是指宾客在用餐结束后,餐厅为其提供的相关服务,包括结账收款服务、

[①] 杜建华:《酒店餐饮服务技能实训(第一版)》,清华大学出版社 2010 年版,第 124 页。

征求宾客意见服务、送客离店服务、整理台面工作、记录工作等。宾客在餐厅的用餐结束，并不意味着服务的结束，优质的餐后服务可以给宾客留下深刻的最后印象，使宾客再一次光临。

一、结账收款服务

现代化的饭店和餐饮企业，为了提供更加人性化的服务，有很多结账方式供宾客进行选择，常用的结账服务有以下几种方式。

（一）现金结账

在宾客就餐即将结束，并确定没有其他需要时，服务员应该提前通知收银员将账单做好，宾客提出结账时，在最短时间内将账单放入托盘或者收银夹内递到客人手中，也可以将宾客引领至收银台进行结账。

（二）签单结账

如果是协议单位的客人，确认宾客单位、姓名等信息无误后，宾客对账单没有任何疑义时，请其在账单上进行签名确认；如果是住店客人，确认宾客房号、姓名无误后请宾客签字，然后将消费计入宾客消费账户，采取离店时一次性结账的结算方式。酒店住店客人签单结账时，服务员应提前向前台核实客人账户余额是否充裕。

（三）信用卡结账

宾客提出使用信用卡结账时，服务员应该确认宾客使用的信用卡是否为餐厅所接受。然后将宾客引领至收银台，宾客对消费确认无误后按照操作方法为其提供结账服务。

结账的方式还有很多，如支票、转账、微信支付等，但无论宾客采用哪一种方式，服务员都应该热情周到。当宾客对账单提出疑虑时，要耐心进行解释，既要让宾客满意，同时也要维护饭店的利益。

二、征求宾客意见

（1）整个服务过程即将结束，此时，服务员应该主动征求宾客对餐厅环境、对服务员的服务、对饭菜的质量等各方面的意见或建议。

（2）当宾客提出意见或建议时，服务员要认真聆听并表示感谢，必要时要仔细进行记录。有些餐饮企业会提供宾客意见单，希望客人配合填写。客人填写完成后，通常由引座员收集整理，并汇报给上级管理人员。

三、送客离店服务

（1）宾客就餐结束准备离开餐厅时，服务员应提醒客人带好自己的随身物品，如果宾客需要打包饭菜，帮助打包并提拿。

（2）引领宾客离开餐厅，送别宾客至门口，热情道别，欢迎宾客再次光临。

四、整理台面服务

（1）送走宾客后服务员立即返回餐厅，查看是否有宾客的遗留物品，如果有遗留物品及时与宾客取得联系并送还，如果没有遗留物品，立即开始进行台面以及环境的清洁整理工作。

（2）清理台面时，按照玻璃器皿、剩余菜肴、餐具用具、台布的顺序依次进行。

（3）部分餐厅要求，玻璃器皿与餐具都是由值台服务员进行清洗，多数餐厅会将餐具交由专门的管事部门负责清洗。

（4）按照要求重新布置台面，整理工作台，收拾卫生，使环境保持良好的状态。

五、记录工作

（1）整理宾客的意见或建议，详细填写当日工作记录表。

（2）管理人员进行检查，召开简短例会，总结工作情况，提出改进方法以及注意事项。

（3）简单交代第二天的工作，让服务员做到心中有数，并对服务员一天的辛苦工作给予肯定。

案例 8-8

盘子该不该收[①]

某四星级酒店的风味餐厅里，晚餐时间客人非常多，服务员忙得手脚不停，到了接近营业结束的时间，客人们渐渐离去，大家这才缓了一口气。这时服务员李京环顾了一下四周，看到一位先生与一位小姐还在那里聊天。小李走近餐桌看到盘里的食物已经没有多少了，两位客人也不再吃了，他自认为客人已经吃好，便想把桌上的盘子撤掉，只留下水杯，以便为客人提供更好的谈话环境。

小李走过去为客人添加茶水时，对客人说："如果您不吃了，我可把这些盘子撤掉吗？"谁知客人听后不高兴了，说："你的意思是让我们走啊？"小李连忙道歉说："对

[①] 杜建华：《酒店餐饮服务技能实训（第一版）》，清华大学出版社2010年版，第163页。

不起，我不是这个意思，请您慢用。"客人听这么一说才消了气。时间不长，两位客人看到餐厅就剩他们了，才起身离开餐厅。

案例评析

接近营业结束时间，往往各餐厅的服务员都会对就餐顾客进行提醒，但是需要注意方式、方法。毕竟每个人的需求和习惯的方式是不一样的，服务员需要综合从表达的方式、语气、时机等方面考虑，与顾客进行有效沟通。

讨论与作业

服务员这样做正确吗？为什么？

案例 8-9

结账风波[①]

郑先生等一行10人到一家高级宾馆的餐厅吃四川菜。在点了一桌丰盛的酒席后，大家兴致勃勃地举杯推盏、夹菜品肴，热闹了起来。席间，两位服务员小姐的服务颇为周到，上菜、报菜名、换菜碟，面面俱到，菜肴的味道也让大家感到很满意，郑先生无不得意地对大家说："我挑的这家店不错吧！"

宴会临近尾声之际，郑先生招手请服务员过来添茶，一位身材苗条、穿着红色旗袍的小姐轻盈地走了过来。"先生，您这桌的餐费是1330元，不知由哪位来结账？"服务员以为郑先生是要结账，便提高声音说出了餐费的数字。服务员的话使大家为之一愣：为什么她收钱的语调与刚才服务时温柔的语调反差这么大？连旁边桌的客人都向这里张望。郑先生是位很讲面子的人，小姐的话使他很是尴尬。

"小姐，收餐费没有必要那么大声吧，钱我肯定付得起，况且，我叫你过来是要添茶……"服务员不好意思地说："我马上就给大家添茶。"郑先生此时已经拿出了钱，他没有看服务员递过来的账单，而是直接把钱交给了服务员。由于服务员的一句话，让大家的情绪不再那么热烈了。服务员找回零钱后，大家便起身离开了餐厅。

案例评析

一般来说，付款的客人都不希望其他客人知道自己请客付款的金额。因此，服务员应该为客人保密。在国外有些饭店一般准备两份菜单，一份附有价格给请客的人看，一份不附有价格给被邀请的人看，餐后结账时，服务员会悄悄地把账单递给结账的人，绝不会惊扰其他人。从服务的心理学角度来看，做东的客人很讲面子，绝不愿意当众报出付款金额，以免引起其他客人对他的看法。因此，服务员在为客人结账时，一方面要等候客人自己提出结账的要求，另一方面则应该为客人保密。

讨论与作业

谈谈你对结账服务环节的认识。

[①] 李晓冬：《餐饮服务与管理》，中国人民大学出版社2017年版，第78页。

第九章 酒店营销管理

本 章 导 读

  作为现代酒店的经营，市场营销的核心作用已是势必所趋，当然酒店的营销，必须与其他部门密切配合，如住宿与前台、客房，用餐与餐厅，会议与工程、音响等，营销部常常代表顾客的要求和利益，而顾客的要求有时非常挑剔，有可能影响其他业务部门的正常工作程序，营销部应做好顾客与经营部门的协调工作。市场营销的作用在于沟通饭店和客源间市场的供求关系，以求饭店的最佳效益，因而酒店的市场营销是饭店经营管理的核心。酒店营销就是为了满足客户的合理要求，为使酒店盈利而进行的一系列经营、销售活动，营销的核心是围绕满足客人的合理要求，最终的目的是为实现酒店盈利。酒店营销不是经营销售，它所具有的功能是：负责了解、调研宾客的合理需求和消费欲望，确定酒店的目标市场，并且设计、组合、创造适当的酒店产品，以满足其目标市场的需要。

  酒店经营发展的前途命运，不是取决于酒店的星级档次，也不是取决于有多少客房、多少餐位、多少娱乐设施，而主要在于酒店能否把这些客房、餐位和娱乐服务销售出去，销售越多越快越好。因此酒店在经营管理中必须要树立"销售就是生命线"的观念，把主要的精力和时间投入到销售工作上去。销售工作的成败很大程度上取决于酒店所采取的市场营销策略，酒店必须针对不同的环境因素有效地开展市场营销活动，综合运用酒店可以控制的各种市场营销手段，将产品、价格、渠道和促销进行最佳的组合，使他们相得益彰综合发挥作用。如何对酒店实施有效的营销组合策略，是酒店持续健康经营的关键。

  设计营销策略应该符合酒店实际情况，并以目标市场为中心，满足消费者的需求，而不是鼓励消费者接受酒店自己的产品和服务，创造利润。产品为导向的老营销模式已无法满足时代的发展，建立了以客户为导向的营销理念，首先要考虑"客户需要什么样的服务，就提供什么服务"，要打破传统的酒店营销部门负责营销的工作模式，建立了以消费者为出发点的，酒店各部门内部协调工作的全员营销。对于外部环境的不断变化，酒店的营销策略应该具有足够的应变能力，必须随时纠正调整以保持竞争力。

第一节　市场营销新理念

随着我国经济的不断开放与发展，酒店行业也正处于飞速发展的时期。目前很多酒店都处于打造酒店品牌、提升酒店形象、构建酒店核心竞争力的关键时期。如何在酒店营销中利用新媒体，扩大酒店品牌影响力，提升酒店市场地位？"互联网+"战略即利用互联网平台和信息通信技术，把互联网和各行各业结合起来，在新领域创造一种新生态，李克强总理在政府工作报告中也提出了制定"互联网+"的行动计划。"互联网+"各传统行业出现了淘宝、当当、亚马逊、支付宝、滴滴、腾讯、微信、携程、艺龙等新领域的新生态。互联网与传统行业的结合绝不是简单的相加关系，未来互联网将作为生产力工具，大幅提升传统行业的工作效率和质量，其在酒店行业的潜能也是很大的。

一、"互联网+"背景下酒店营销的变化趋势

目前，互联网对酒店行业的渗透主要体现在其销售环节，未来酒店行业"互联网+"一方面可以把酒店客房、餐饮、娱乐以及相关配套设施互联化以提高用户服务体验，另一方面酒店将利用互联网优势与酒店周边行业的厂商进行跨界合作，从而打造出以酒店为中心的新生态圈，其带来的酒店营销变化趋势主要体现在以下几个方面：

（一）移动化

移动互联网基于位置（LO）和移动（MO）的特性使得客户预订酒店时间提前量大大缩短，灵活性增强，就近原则凸显，也让客户可以随时随地与酒店进行信息互动、洽谈沟通，移动互联网也在不断地影响着人们的消费方式，由传统的支付方式向支付宝、微信、手机银行即时转账等方式转变。

（二）个性化

越来越同质化的酒店标准住宿产品对消费者的吸引力不断下降，而互联网给酒店带来了线上营销大数据，通过对网络终端数据的收集，酒店可以画出以消费习惯和心理需求为核心的"客户自画像"，从而对其消费行为进行有针对性的分析、预测，设计出符合其个性特点的定制化产品，以满足消费者日益多元化的产品需求。此外，酒店经营过程中产生的能耗数据、设备运行记录、客户反馈、非会员数据，甚至视频监控等等也将被采集到酒店中央系统，进行集中管理和多维分析，帮助酒店了解客户、优化流程、设计产品和智能决策。

（三）融合化

酒店消费者正在大规模从线下迁移到线上进行酒店产品预订，并继续向移动端酒店

预订应用迁移。互联网渠道在整体产业链中的价值得到凸显，OTA 企业对线下酒店集团的影响不断深入，有的已经投资入股酒店集团，如携程旅行网投资入股汉庭、7 天连锁酒店集团等；同时，有的线下酒店集团也开始投资入股 OTA，对线上渠道进行布局，尝试转型，如铂涛集团投资入股艺龙，锦江集团投资入股驴妈妈旅游网等。

（四）综合化

"互联网＋"背景下的酒店营销布局已不再局限于客房和餐饮，而呈现出明显的生态化趋势，主要体现在以住宿需求为流量入口，为客人提供集餐饮、休闲娱乐、门票、电商购物、旅游打包产品、物业管理等为一体的全方位生活服务，将客户在酒店停留期间 8~10 小时的碎片时间充分利用起来进行营销，实现客流与服务在线上和线下的双向流动。

（五）社交化

据统计，平均每个社交媒体用户每天花费两小时在与之相关的应用和活动中，在社交网络中人们愿意主动分享新鲜事、照片和个人信息，而这种"晒"的行为最终让"分享经济"成为可能，即任何人都可以参与进来，让商品、服务、数据以及才能等有共享渠道。这种分享经济对酒店行业产生了较大影响，一方面，客人可以随时随地将所住酒店的环境、服务人员、设施设备等晒到朋友圈，也可以在线上对酒店的各方面进行评价等。

二、"互联网＋"背景下酒店的营销策略创新

（一）产品设计创新

1. wifi 全覆盖

便捷的上网服务会促使住店客人产生许多有助于酒店营销推广的行为，如将酒店图片、入住感受等随时分享到自己的社会化媒体上，以酒店位置进行在线签到等。

2. 大数据产品设计

酒店总是习惯性地让客人在自己推出的固有标准化包价套餐中进行消费选择，而"互联网＋"时代酒店首先要关注客户大数据分析，利用网络技术收集客户的个人信息、消费喜好和禁忌、消费方式和习惯等，然后结合其自身特点来设计、定制符合其个性需求的酒店产品。

3. 打造跨界产品

"互联网＋"背景下，要求酒店能打破固有思维，避免单独作战，寻求非业内的合作伙伴，跨界经营酒店产品，以发挥不同类别品牌的协同效应。跨界产品的营销对象是相同或类似的消费群体，其所寻找的合作伙伴是基于用户体验的互补，而非简单的功能

性互补。

4. 开设多渠道支付方式

酒店传统的结算方式是用现金、银行卡、支票等到前台进行操作，入住前还必须要预交押金或者刷信用卡预授权。"互联网+"时代，客户对结算的效率、信用度、自由度提出了更高的要求，为此酒店应开通以支付宝、微信等多种渠道来进行结算的通道，结账也不再一定要到前台进行，客人可以在房间电视或者大堂自助终端上实现查询账单、自助结账功能。

5. 开发智慧酒店产品

互联网总让人联想到高科技，互联网时代也对酒店产品的高智能提出了要求，如餐厅机器人、机器人调酒师的出现，房内控制系统的全自动化、数据化，有些酒店开房门已经不再需要房卡，只需按指纹、刷手机或者进行二维码验证就可以，有的酒店甚至实现了从入住到结账离店的全过程仅需一部手机就可以全部搞定。

（二）营销渠道创新

1. 完善酒店官网功能

"互联网+"时代酒店应充分发挥官网的直销及品牌提升作用，除了设有常规的酒店简介、产品展示、联系方式等，还要重视其在线营销功能的实现，使客户能够方便快捷地在酒店官网上进行实时预订并得到及时回复和互动沟通，发布酒店最新促销信息，还应设有客户在线点评功能，对客户提出的问题和抱怨能够及时反馈并给出恰当的解决方法，从而增加官网的点击率、利用率，将更多的网络浏览者转变为预订客，提高在线直销量。

2. 优化 WAP 网站，建立酒店 App 和微信

简单地讲，WAP 就是酒店在移动互联网上建立自己的网站。App 相对于酒店 WAP 网站在功能开发、界面的清晰度、数据收集、塑造顾客忠诚度方面有其得天独厚的优势。

3. 构建多元化在线分销渠道，以分销带动直销

酒店在直销渠道覆盖面有限的情况下，建立起多元化的在线分销渠道，提高客房出租率，让更多客房实现其当天的价值，还是合算的。目前在线分销渠道主要有在线代理商、电商平台、团购平台、移动应用等。

（三）价格策略创新

1. 建立区别于 OTA 的价格体系

建立区别于 OTA（在线旅游公司）的价格体系，如推出现付和预付方式的差异房价，适合客户的提前预订价、随时抢订价、小团队价（如3~5间），连住优惠价、学生特价，对于用餐不便的景区酒店推行含晚餐等各类价格。

2. 多种定价模式

在"互联网+"背景下，除了通常的定价模式外，酒店为了盘活库存，提高收益，还可以自己或与 OTA 合作尝试模糊定价、C2B 顾客定价、"酒店 + X"组合定价以更多地满足不同类型客人的需求。

(四) 促销策略创新

1. 提高促销的高参与度

"互联网 +"时代，针对 80 后、90 后这批主力消费人群的消费心理，酒店不能再用以往那种单向的促销形式，而需要加大促销活动的高参与度。如充分发挥移动互联手机的摇一摇、漂流瓶、发红包、位置推送功能，以及带给消费者"心跳"体验的电子券抽奖、刮刮乐、吹气球、秒杀等促销方式以吸引他们的注意力，从而提高参与度。

2. 开展游戏化促销

针对 80 后、90 后消费群体"线上好玩、线下好吃"的特点，酒店在线促销方面可以考虑设置一些吸引消费者的游戏，这些游戏促销的优惠幅度可能不一定很大，但是许多客户却很享受这个游戏过程中的新鲜、刺激和满足感。

3. 拓展多样化在线推广渠道

在"互联网 +"背景下，常规的促销推广方式已经凸显其局限性，因此，酒店要充分利用互联网优势，利用知名搜索引擎、社会化媒体、网络广告、电子邮件等网络渠道来进行促销。如酒店可以在一些主流的社交平台开设自己的账户，并投入足够的资源与消费者进行了解和互动。

案例 9-1

微营销在酒店管理中的应用[①]

随着酒店对微博营销重视程度的提高，微博已经成为很多酒店企业进行市场营销的重要组成部分，根据酒店自身的特点，出现了多种酒店微博营销策略。对于经济型连锁酒店来说，在微博营销上使用集团与单体互相结合的方式，连锁酒店集团拥有公众账号，同时各个酒店都会根据自身实际需要注册并运营自己的账号，比如如家、汉庭、7 天等都使用这种营销策略；对大型国际化酒店集团来说，一般使用单体的微博营销策略，管理集团不统一运营微博，而是由旗下各个酒店独立开展微博营销工作，比如 YHA 国际青年旅社、喜来登度假酒店等。

随着微博营销影响力的不断扩大，其商业价值也越来越被各大酒店认可，微博媒体也成为酒店行业全新的竞争舞台。一些大型酒店集团非常重视酒店微博营销和推广活动，并且专门构建了微博营销团队，将酒店微博营销竞争推向了一个新的阶段。在经济型连锁酒店中，从粉丝数量上看，7 天、格林豪泰的粉丝数量绝对领先，随后还有如家、汉庭和锦江之星，其微博粉丝量均保持快速稳定的增长。通过在微博上持续稳定发

---

① 刘东明：《微商·微信·微店·朋友圈·自媒体·微营销一本通》，清华大学出版社 2018 年版，第 78~80 页。

布宣传信息，通过大量粉丝进行转发，保持微博账号的活跃度，加强与网友的在线互动等都是提升酒店微博营销竞争力的有效手段。

比起"以产品为中心""以市场为中心"，微营销中很突出的特点就是"以客户为中心"或者说"以服务为中心"。微营销中，最可以打动人的是以客户为中心的优质服务。于是在微营销中运用最多的是温情，是即景，是互动，是陪伴。而且大数据的应用使得这些服务都可以轻而易举地实现。

例如，百度搜索过茶具，会在浏览微博的时候，边框随之弹出来关于茶具的淘宝网信息。做类似业务的还有上海传漾的副媒体广告，通过用户 Cookie 记录，定向推送广告。再如，一家可以用微信公众平台订餐的餐馆，通过对客户消费信息的整理和分类，就可以建立 CRM（客户管理系统）。了解客户的忌口和喜好，甚至知道客户老王的老婆周三值班，这天老王一般会选择喜欢的京酱肉丝，他要多加葱丝。

1. 新加坡洲际酒店集团的微营销

世界各国的旅游业都在想方设法利用社区媒体的力量，发掘新的商业机遇。新加坡的洲际酒店集团（IHG）提出了一个名为"亲朋好友"（friends and family）的计划，鼓励集团在世界各地 4150 家连锁店的员工，用每个人的 twitter 推销酒店客房。新的全球 IHG "亲朋好友"计划，以折扣价格向员工的朋友和家人提供全世界各地洲际酒店的客房预订优惠。

所有员工在 IHG 的内部网上注册以后，都会收到一封电子邮件，上面有一个独特的网站地址链接到每个人的酒店预订页面中。员工们可以将这个链接转发给亲朋好友，亲朋好友通过链接进入员工的个人页面，以独享的优惠价预订客房。这个计划刺激了集团在世界各地的 33 万名员工的营销欲望，大幅度增加了客户来源。

2. 7 天酒店的微营销

7 天连锁酒店，是微信营销的佼佼者之一。在微信公众平台上，7 天连锁酒店算是后来者，2013 年 5 月底，官方微信公众号"7 天会"才正式推出。然而 7 天连锁酒店却从这个窘境中杀出重围。从推出微信公众号开始，仅仅六个月时间，7 天连锁酒店就获得了 100 万粉丝，其中 80% 用户是 7 天的会员，日均微信订房超过 5000 单，其中 2013 年最后一天订房数破万。在 7 天酒店看来，酒店行业就是产品加服务，除了客房这些硬件体验以外就是软性服务，其中客服是非常重要的一块，如果能够更便捷、更高效、更有趣地提升客服体验，也许会带来不错的效果，而微信恰恰是一个天生的移动 CRM 平台。因此，7 天酒店借助微营销取得了巨大的成功。

3. 布丁酒店的微营销

布丁酒店微信客户端实现了个性化的菜单定制，在微信底部的对话栏中提供"我的布丁""预定""最新活动"三个菜单选项，这比起原先用户主动式发起的对话交互有了很大的进步，布丁酒店微信客户端，不再只是消息推送与回复，增加了自定义菜单后，原有的布丁酒店账号瞬间变身为一个轻 App。原来用户需要到会员卡特权里寻找订房功能，要分好几个步骤来实现，比较烦琐。现在打开布丁酒店微信账号即可直接选择订房,大大缩减了预定流程。据了解,自定义菜单上线后,其订单量有了一个很大的提升。

布丁酒店现已实现入住前定制化消息的推送,用户只要通过微信即可订房,成功预定后及入住当天将收到一条微信图文消息。

案例评析

微营销是当前投入成本较小、效果比较直接的营销模式。微博、微信、微信公众平台、App等都是实现微营销的工具和方法。在互联网时代,创意营销成为微营销的主方向,可以通过漂流瓶、语音、小游戏等各种形式进行营销推广,时效快、受众面广、成本低等特点推动其成为越来越受欢迎的营销模式之一。

讨论与作业

1. 微营销的操作原则是什么?
2. 传统营销到微营销,有哪些转变?
3. 酒店微营销存在的问题有哪些?
4. 微营销的优势有哪些?

案例9-2

大数据时代的酒店营销[①]

大数据也触动着酒店行业管理者的神经,搅动着酒店行业管理者的思维;大数据在酒店行业释放出的巨大价值吸引着诸多酒店行业人士的兴趣和关注。探讨和学习如何借助大数据为酒店行业经营管理服务也是当今该行业管理者面临的挑战。大数据应用,其真正的核心在于挖掘数据中蕴藏的情报价值,而不是简单的数据计算。那么,对于酒店行业来说,管理者应该如何来借助大数据为酒店行业的运营管理服务呢?同时大数据应用又将如何突出其在酒店行业的情报价值呢?

酒店和酒店服务业每天在接待数以百万计的旅客,每一个旅客在办理入住手续时自然都抱有不同的期望。满足这些期望是让客人成为回头客的关键,如今酒店和休闲设施运营商日益借助先进的分析解决方案,了解如何做到让客人满意。在今天的市场,能够锁定对某个商家来说总体终身价值更高的那些客人显得至关重要,但客人的终身价值并非通过观察其在一次到访过程中的消费行为就会显露无遗。比如说,一个平时挥金如土的客人退休后在享受"一生中最后一个奢华假期",以后不太可能天天过着这种奢侈生活。与此同时,一个节俭的商务客人平常订经济房,额外服务方面花费也很少,他可能是经常出差的商务人士,如果酒店满足他的要求,他可能会频频光顾,因而其终身价值比较高。大数据分析技术就有助于区别这一点。一个开创性的例子包括美国经济型连锁酒店红屋顶酒店(Red Roof Inn),在2013~2014年业绩创纪录的冬季旺期,由于当时

[①] 于勇毅:《大数据营销》,电子工业出版社2017年版,第120~123页。

航班取消率在3%左右——这意味着每天有90000名乘客滞留,而这家酒店旗下的许多酒店毗邻各大机场,因而获得了出色的业绩。这家酒店的营销和分析团队协同工作,充分利用天气状况和航班取消方面谁都可以使用的公共数据集。知道大多数客人在移动设备上使用互联网搜索来查找附近住宿后,启动了一项颇有针对性的营销活动,专门针对最有可能受到影响的那些地区的移动设备用户。这使得其在采用这项策略的地区的营业额增长了10%。

喜达屋酒店及度假村集团在世界各地拥有1200家酒店,它是另一家大力投资于大数据和分析技术的大型连锁酒店。他们的系统也分析当地及世界经济因素、活动和天气预报,以此优化客房价格。由于知道了北美核心客户群的本国天气如何影响那些客户在阳光灿烂的加勒比海度假一周愿意花的钱,他们知道了什么时候降低客房价格或开展营销促销活动最合适。这个策略让其每间客房的收入(这是酒店的一个关键指标)增长了近5%。

案例评析

1. 大数据对酒店市场定位起到推动作用

在酒店营销过程中,产品、渠道、价格、顾客等都与大数据的采集分析有紧密关系。酒店可以利用大数据的统计分析结果来了解市场信息,掌握行业动态和市场竞争情况,做到"知己知彼、百战不殆"。酒店还可利用大数据建立顾客档案,分析顾客偏好,为赢得顾客忠诚度更好地提供服务。

2. 大数据帮助酒店进行收益管理和需求开发

微营销的评论功能可以形成交互性大数据,舆论自由的形式可以获知更多顾客的真实想法和需求,蕴藏了大量的商机和商业价值。

讨论与作业

大数据时代酒店营销的特点有哪些?

案例 9-3

希尔顿酒店:由数据驱动的热情服务[①]

希尔顿酒店在酒店行业最不景气的艰难时期,投资5000万美元开发定制客户关系管理信息系统,目的就是要为企业员工提供足够的信息来完成关键的补救性工作,这个集成的信息系统覆盖了希尔顿旗下8家酒店的2200万名客户。客户管理系统支持希尔顿现有的运作,但衡量这个系统真正回报的标准将是它能否让公司所做的事以及为客户所提供的产品和服务发生彻底的改变。希尔顿有540名IT员工,他们每年在IT建设上要花1.32亿美元——占公司收入的2%,其中大约100万美元用于实际研究和新技术调研。该系统中每个客户该概况都包含了各种各样的信息,从信用卡数据、停留历史、经

[①] 李勇:《互联网+酒店》,人民邮电出版社2016年版,第98~100页。

常飞行的公里数以及房间取向等，非常丰富。希尔顿可以利用这些信息将客户与其概况特征匹配起来，它使前台的工作人员在1.8亿条记录中进行搜索时，几乎立即就能获得答案。

案例评析

酒店发展到今天已经不再是传统的餐饮、住宿，而是涉及康乐、休闲、会议等服务的综合体。酒店应该通过细致周到的服务满足客人预期，进而提供超值服务获得顾客的忠诚。酒店管理信息系统能够对酒店管理实现全方位管理，数据准确、效率高、管理全面，提供高质量的服务。

讨论与作业

1. 希尔顿的客户管理系统有何优点和缺点？
2. 希尔顿必须做哪些工作才能通过顾客管理系统获取竞争优势？请给出具体的例子。
3. 大数据在酒店业中的应用带来了哪些变化？

第二节　市场营销的实施过程

一、分析市场营销环境

首先是分析企业所处环境的情况，如政治、经济、文化等方面，这在企业准备进入国际市场时显得尤为重要。比如烟草行业，如果想将卷烟出口到海外市场，就必须先要了解该国对烟草产品的政策，如关税水平、配额数量、该国消费水平和消费习惯、对烟草制品的特殊规定以及主要的竞争对手情况。只有深入了解了企业所处的环境，企业才能做出正确的战略选择。比如中国烟民主要吸食烤烟型卷烟，对混合型不能立刻接受，那么外国烟草在向中国出口卷烟时，肯定会在配方上进行调整，以适应大多数中国人的口味。

二、评估企业的机会与障碍

企业必须寻找特定的市场营销机会，来指导营销战略的制定。在市场营销战略制定过程中，评估企业机会和障碍会涉及对企业情况的分析，包括企业的经济状况、消费者情况和其他外部环境因素。首先，我们要根据企业市场营销能力来检查企业的优势和劣势，同时，对过去的企业经营成果以及市场营销的优势、劣势进行评价。其次，要进行销售和管理的成本研究。最后，预测企业的销量，通过分析，企业才会发现所希望的竞争优势、革新技术和获得新市场的机会以及可能遇到的障碍。

三、瞄准目标市场

所谓目标市场,是指企业进行市场细分之后,拟选定进入并为之服务的子市场。企业通过将整个市场划分为若干个子市场,并对各子市场的需求差异加以区分,选择其中一个或几个子市场作为目标市场,开发适销对路的产品,开发相应的市场营销组合,以满足目标市场的需要。

四、设定营销组合策略

在选定目标细分市场之后,需要根据产品的特点定分别进行产品、价格、渠道,以及促销策略等的4p营销组合,根据细分市场特性,设定合适的产品包装、规格,以及产品定位等,然后以细分市场能够接受的价格策略及渠道和各种推广促销策略实施。

五、设定具体营销计划

在完成上述工作后,开始着手进行具体实施计划的设计,包括时间进度、需要的资源、需要的成本与费用等,同时需要进行预测效果。

六、风险评估与应对

在具体营销策略执行过程中,可能会碰到政策、环境、行业、竞争对手等多方面不确定因素带来的风险,需要有合理的应对机制。

案例9-4

超值服务的酒店营销案例[①]

香格里拉酒店集团赢得业界和顾客赞誉的一个关键是:超值的酒店产品与服务。集团长期坚持以优质的酒店产品与服务来塑造集团豪华酒店品牌形象,提高顾客忠诚度。香格里拉的经营思想是以"殷勤好客亚洲情"为基石,以"为客人提供物有所值的特色服务和创新产品,令客人喜出望外"为指导原则,让员工在与客人的接触中表现出尊重备至、彬彬有礼、真诚质朴、乐于助人、善解人意的待客之道;对于管理人员,香格里拉要求其具有追求经营业绩的魄力,同时强调行政管理人员要与客人保持直接接触,

---

① 张煌:《论3G时代下的酒店营销创新》,载于《商业时代》2011年第10期,第57~60页。

强调和奖励那些能够令客人喜出望外的言行举止。香格里拉酒店集团标准化的管理及个性化的服务赢得了国际社会的高度赞誉。正是由于香格里拉酒店集团长期坚持以超值的酒店产品与服务增强顾客的忠诚度，为其赢得了良好的市场声誉，塑造了豪华酒店品牌形象。

在营销方面，香格里拉酒店集团实施立体式营销以拓展其市场网络、塑造品牌。在广告宣传方面，香格里拉酒店集团灵活运用广告宣传方式，为其带来了可观的市场效益，其广告宣传具有投入资金多、形式多样、创意新颖等特点。

在营业推广方面，集团经常开展主题营业推广活动以扩大品牌市场知名度，吸引顾客，例如2005年10月25日至28日香格里拉在中国包括香港特别行政区在内的20家酒店和亚太区12家姊妹酒店开展题为"寻找香格里拉"的"中国巡展"活动，分别在上海和北京举行。

在促销措施方面，香格里拉酒店集团实施灵活多样的优惠促销措施，例如2006年3月将其超值房价计划全面升级，在全年任何时间为以全额房价入住香格里拉酒店的宾客提供更加广泛的超值服务，且不附带任何特别限制。集团还与众多的航空公司联合推出"频繁飞行旅游行者"计划，客人入住香格里拉时只要出示频繁飞行旅游者计划的会员卡和付门市价时，就可得到集团给予的免费公里数或累计点数。

另外，香格里拉还单独给予客人一些额外的机会来领取奖金和优惠。除了传统的营销手段，香格里拉酒店集团也注重运用互联网来宣传酒店产品与品牌。集团一方面建立自己的集团网站，进行产品促销和预订。香格里拉向所有客户保证其网站的房间报价是最低的；2005年4月，香格里拉推出中文网站和日文网站，扩展了功能和服务，对CHI水疗、目的地信息的特殊网页进行了链接。全新改版的香格里拉网站完成了内容的改进，增加了酒店导航和一些特殊功能。新的网上预订引擎配有照片和模拟参观，使预订者更容易比较价格和房间种类，并且可以直接在网上变更日期、价格和个人喜好等资料。同时集团与其他旅游网站和酒店预定网站合作，通过网站发布营销广告，拓宽营销渠道。立体式营销体系为集团广开客源发挥了重要作用。

案例评析

香格里拉酒店的营销成功得益于品牌命名、品牌定位、品牌文化等诸多要素。以顾客需求为出发点，竭尽所能满足顾客的一切合理需求，为顾客服务体现在所有细节上，创造了极高的顾客满意度。立体营销、细节服务、以人为本是香格里拉取得成功的法宝。我国本土酒店应该全面借鉴香格里拉酒店的成功之道，从细节入手，采用科学的管理模式，为顾客提供优质、温馨的服务，推动我国酒店业向品牌化、集团化发展。

讨论与作业

随着顾客对酒店服务要求的不断提高，超值服务或惊喜服务带给酒店哪些益处？

酒店管理案例

案例 9-5

喜来登酒店的香味营销[①]

品牌的发展已经跨越了视觉，进入到了全方位感官的时代，来到了以"色"悦人，以"声"动人，以"味"诱人，以"情"感人的真实立体环境。人类的嗅觉感官是影响情绪的一种方式，通过香味来影响人类的情绪以及潜意识，这就是嗅觉营销能够成立的基础要素。很多销售行业都使用特定的香气来引导消费者的潜意识，把消费者在嗅觉感官上的潜意识和对品牌的认知做一个记忆的相互结合，提升对该品牌的关注度。

喜来登酒店上架了全新的香氛系统。以往，客人走进酒店闻到的是苹果派的味道，后来，集团进行客户问卷调查得知，客人喜欢雨后清新自然的味道。于是，酒店决定对气味进行改变。喜来登酒店在其管理的所有品牌的酒店中都同一时间换上了新气味，这种新气味是由一家叫 Scent Air 的科技公司专门为福朋喜来登酒店量身定做的，这家公司专门为酒店、购物中心等商业机构"制香"。

福朋喜来登酒店的客户群体定位在 30~40 岁的商务客人，他们年轻，自然，崇尚简约，喜欢自由。而喜来登酒店旗下的另一个高端品牌威斯汀采用了一款不同的香味——白茶芬芳。威斯汀定位高端商务客人，这些客人工作紧张、压力大，白茶芬香能够帮助他们舒缓压力、放松心情。

如今，利用人们的嗅觉已经成为各行各业参与激烈竞争的一种绝招。著名营销专家谭小芳老师了解到，人们曾在美国做实验，让一家商店充满香气，另一家商店没有任何气味，结果虽然是那些在不知不觉中接受实验的人们在两家商店逗留了相同的时长，但他们的实际感觉大不相同。他们感觉在充满香气的商店里只待了一会儿，而在另一家商店里却待了很长时间。这说明宜人的香气使人神清气爽，兴致高昂，乃至忘记了时光在匆匆流逝。

对于女性来讲，咖啡的香味、花卉的香味、烤面包的气味、橙子等水果的气味等都很有诱惑力。男性对气味感知能力较弱，但对优雅的淡淡的香水味存在好感。以体验营销闻名的星巴克，对于咖啡的味道与香味要求近乎苛刻。在星巴克上班的员工，不管是谁，都不准使用香水，因为在星巴克，空气中飘逸的只能是纯正的咖啡香味。

西安大唐芙蓉园、沈阳世界园艺博览会等运用现代智能远程管网化喷香手段，创造了户外"香化工程"范例。大唐芙蓉园香化工程，不仅是全世界首例最大的户外香化工程，不仅仅是为了营造梦回大唐的意境，它是一项既有历史厚重感，又有远大前瞻性的重大工程。针对千亩大唐芙蓉园里的皇家建筑、山水景观、剧场诗苑的不同功能，不同文化内涵和地貌特征，芙蓉园划分为六个香化区域，并从大自然几千种香气中，精心创制出 50 多种香味，让东、西方文化在对接中融合，在融合中升华。

[①] 毕宏：《基于"互联网+"背景下酒店销售渠道创新性研究》，载于《企业导报》2016 年第 7 期，第 105~110 页。

当你走进"长堤十里转香车，两岸烟花锦不如"的大唐芙蓉园，顿时感受到一股股清香四处弥漫，沁人心脾。中法两国专家调配的香水，经过主控室的电脑智能控制，或者手机短信的指令，由园中星罗棋布的仿古香炉喷放出不同的香雾。象征帝王尊贵的檀香，代表圣洁的芙蓉香，传达友情的法国茉莉香，示意爱情的保加利亚玫瑰香，表达爱慕的荷兰郁金香，热情洋溢的中国江南桂花香，次第拂来，各领风骚，梦幻般再现2000年前"博山炉中沉香火，双烟一气凌紫霞"的盛况。

旅游行业中，也有旅行社运用香味营销。"全球旅行社"是法国的一家旅行社，它的大厅里弥漫着淡淡的茉莉花和甜瓜的香味，但在不同的柜台前，顾客们嗅到的气味是不尽相同的。在负责去北美洲旅游的柜台前，散发的是可乐果的香味；在办理前往太平洋群岛波利尼西亚的柜台前，香草的芬芳沁人心脾；而在预定豪华游轮的柜台前，仿佛漂浮着海上含碘的水汽。

案例评析

香味营销成为现代酒店关注的焦点，每家酒店都有自己的"香味标签"。通过香味营销可以给顾客留下深刻而美好的印象，同样能够起到留住顾客的作用，"无须喧哗、营销于无形"成为营销的最高境界。在当下这个注重感官体验的时代，企业应注重视觉营销、气味营销等，才能真正深入顾客内心，实现个性化服务。

讨论与作业

1. 嗅觉营销在企业营销中的地位和作用如何？
2. 酒店如何利用嗅觉营销来提升竞争力？

参 考 文 献

1. 洪涛:《饭店管理实务》,东南大学出版社2007年版。
2. 柏杨:《饭店管理概论》,中国财政经济出版社2008年版。
3. 范运铭:《现代饭店管理概论》,首都经济贸易大学出版社2009年版。
4. 阮晓明:《饭店管理基础》,浙江大学出版社2009年版。
5. 徐文苑:《现代饭店管理概论》,清华大学出版社2008年版。
6. 徐文苑:《饭店管理概论》,北京师范大学出版社2007年版。
7. 唐·约翰逊:《旅游业人力资源管理》电子工业出版社2004年版。
8. 王伟:《饭店人力资源开发与管理》,旅游教育出版社2006年版。
9. 杰弗里·梅洛著,吴雯芳译:《战略人力资源管理》,中国财政经济出版社2004年版。
10. 张延:《酒店个性化服务与管理》,旅游教育出版社2008年版。
11. 人力资源开发网: http://www.hr.com.cn。
12. 孙吉:《酒店精细化管理实操大全集》,中国铁道出版社2019年版。
13. 李晓冬:《餐饮服务与管理》,中国人民大学出版社2017年版。
14. 成旺坤:《激励员工的20大策略与198个技巧》,广东人民出版社2018年版。
15. 任蕾:《浅谈企业薪酬管理》,机械出版社2013年版。
16. 刘昕:《薪酬管理》,中国人民大学出版社2017年版。
17. 李丽英:《现代酒店财务管理中存在的问题及发展方向分析》,载于《财经界(学术版)》2013年第2期。
18. 范雪红:《现代酒店财务管理的问题及对策分析》,载于《中国商论》2018年第17期。
19. 方燕平:《现代酒店财务管理》,首都经济贸易大学出版社2010年版。
20. 赵英林、李梦娟:《酒店财务管理实务》,广东经济出版社2006年版。
21. 郝笑波:《酒店业成本管理存在的问题及解决对策》,载于《时代金融》2018年第1期。
22. 丛玲玲、马园园:《MR酒店管理有限公司成本管理问题研究》,载于《现代营销》2018年第8期。
23. 赵可新、杨晓蕾:《经济型酒店成本管理的研究——以99连锁旅馆为例》,载于《时代金融》2018年第3期。
24. 梁木群:《提高酒店营业收入之浅见》,载于《科学之友》2008年第4期。

25. 陈惠贞：《浅谈如何提升酒店利润》，载于《商》2012 年第 6 期。

26. 张文福：《基于作业成本法的温州滨海大酒店客户盈利性分析》，载于《江西财经大学硕博论文》2015 年版。

27. 赖昊：《基于财务分析视角的三亚度假型酒店餐饮发展思路探析——以三亚 A 酒店为例》，载于《价值工程》2016 年第 6 期。

28. 王大悟、刘耿大：《酒店管理 180 个案例品析》，中国旅游出版社 2007 年版。

29. 彭文刚：《酒店工程设备的全因素管理》，载于《饭店世界》2005 年第 3 期。

30. 陈江伟：《现代酒店经营管理实务》，中国人民大学出版社 2013 年版。

31. 邢夫敏：《现代酒店管理与服务案例》，北京大学出版社 2012 年版。

32. 陈乃法、吴梅：《饭店前厅客房服务与管理》，高等教育出版社 2003 年版。

33. 刘伟：《前台与客房管理》，高等教育出版社 2002 年版。

34. 李任芷：《旅游饭店经营管理服务案例》，中华工商联合出版社 2000 年版。

35. 陈文生：《酒店管理经典案例》，福建人民出版社 2017 年版。

36. 沈燕增：《酒店经典案例与分析》，中国人民大学出版社 2014 年版。

37. 吴旭云、逄爱梅：《客房部的运行与管理》，中国旅游出版社 2012 年版。

38. 范运铭：《客房服务与管理案例选析》，旅游教育出版社 2000 年版。

39. 李勇平：《餐饮服务与管理（第四版）》，东北财经大学出版社 2010 年版。

40. 杜建华：《酒店餐饮服务技能实训（第一版）》，清华大学出版社 2010 年版。

41. 刘东明：《微商·微信·微店·朋友圈·自媒体·微营销一本通》，清华大学出版社 2018 年版。

42. 于勇毅：《大数据营销》，电子工业出版社 2017 年版。

43. 李勇：《互联网＋酒店》，人民邮电出版社 2016 年版。

44. 张煌：《论 3G 时代下的酒店营销创新》，载于《商业时代》2011 年第 10 期。

45. 毕宏：《基于"互联网＋"背景下酒店销售渠道创新性研究》载于《企业导报》2016 年第 7 期。

46. 刘红春、李伶娆：《现代饭店管理基础——理论、实务、案例、实训》，东北财经大学出版社 2011 年版。

47. 姜锐、尚群、刘长慧：《现代饭店管理实务》，武汉理工大学出版社 2010 年版。

48. 陈觉：《餐饮服务要点及案例评析》，辽宁科学技术出版社 2004 年版。

49. 孟庆杰、唐飞：《前厅客房服务与管理》，东北财经大学出版社 2010 年版。

50. 刘长慧：《饭店实用安全管理》，群众出版社 2010 年版。

51. 蒋一帆：《现代饭店服务管理概论》，上海东方出版中心 1999 年版。

52. 吴军卫：《前厅疑难案例解析》，旅游教育出版社 2000 年版。

53. 张素娟、宋雪莉：《现代饭店管理》，化学工业出版社 2011 年版。

54. 陈的非：《饭店服务于管理案例分析》，中国轻工业出版社 2010 年版。

55. 程淑丽：《酒店流程化与规范化管理手册》，人民邮电出版社 2011 年版。

56. 梁玉社、李烨：《饭店管理》，格致出版社2010年版。
57. 马勇：《饭店管理概论》，清华大学出版社2006年版。
58. 丁林：《饭店管理概论》，河南人民出版社2009年版。
59. 魏新生：《饭店管理》，郑州大学出版社2006年版。
60. 郑向闽：《现代饭店管理学》，南开大学出版社2004年版。
61. 翁钢民：《现代饭店管理理论、方法与案例》，南开大学出版社2004年版。
62. 傅广海：《饭店管理概论》，西南财经大学出版社2009年版。
63. 黄震方：《饭店管理概论》，高等教育出版社2012年版。
64. 吕建中：《现代旅游饭店管理》，中国旅游出版社2009年版。
65. 郑向敏：《现代饭店管理》，北京科文图书业信息技术有限公司2008年版。
66. 董观志：《现代饭店经营管理》，中山大学出版社2004年版。
67. 哈维·博斯坦：《饭店安全防损管理》，湖南科学技术出版社2004年版。
68. 郑向敏：《酒店管理》，清华大学出版社2010年版。
69. 赵涛：《酒店经营管理》，北京工业大学出版社2003年版。
70. 曹希波：《新编现代饭店服务与管理——实战案例分析实务》，企业管理出版社2011年版。
71. 陈乃法：《饭店前厅服务与管理》，高等教育出版社2008年版。
72. 陈宁：《前厅客房服务与管理》，北京理工大学出版社2010年版。
73. 李勇平：《餐饮服务与管理》，东北财经大学出版社2002年版。
74. 何丽萍：《餐饮服务与管理》，北京理工大学出版社2011年版。
75. 蒋丁新：《饭店管理概论》，东北财经大学出版社2012年版。
76. 沙艳荣：《现代餐饮营销》，北京理工大学出版社2011年版。
77. 王秀荣：《饭店管理概论》，大连理工大学出版社2012年版。
78. 宿荣江：《酒店营销实务》，人民大学出版社2012年版。
79. 李伟清、何学良：《酒店市场营销管理与实务》，上海交通大学出版社2010年版。
80. 尹景明、贺湘辉：《酒店公关实务》，广东经济出版社2012年版。
81. 余春容、王少堂：《酒店公共关系》，高等教育出版社2012年版。